Sarcástico e Irónico

Elisur Pérez Sedano

Elisur Pérez Sedano

¡Ánimo!

Copyright © 2012 Elisur Pérez Sedano

All rights reserved.

ISBN-10: 1475013167

ISBN-13: 9781475013160

DEDICADO CON AMOR

A Lupita mi esposa, mis hijos hermosos Karen, Remi, Eli, Andilú y a mis padres Pedro y Doris…

Contenido

i. Cuando al fin pude poner en papel lo que –con tanto esfuerzo– había aprendido sobre las objeciones. 8

¿Qué me apasiona tanto sobre las objeciones de ventas? 9

¿Por qué el método 5SA es tan diferente a otras publicaciones sobre manejo de objeciones de ventas? 10

ii. Me costó mucho trabajo pero lo más interesante es que lo pude resumir en cinco sencillos pasos 13

Analogía del chef y el vendedor 13

¿Ha escuchado la frase: "Hay cosas que he dejado de hacer"? 16

¿Simple verdad? 17

Llamémoslo una cuestión de principios. 18

Cruel analogía de la novia 19

PRIMERA PAUTA FILOSÓFICA: ¡Tiene 60 segundos! No los desperdicie. 22

SEGUNDA PAUTA FILOSÓFICA: ¡Sea original! No copie respuestas, diseñe las suyas en su propio estilo literario. 22

TERCERA PAUTA FILOSÓFICA: Corone sus respuestas con intentos de cierre. 23

¿Le parece demasiado simple el método 5SA para manejar las objeciones? 25

¿Qué le parecen los ejemplos? 28

iii. Algo curioso es que pude hallar muchas analogías divertidas 29

¿Qué es el toque del artista? 32

iv. Pero encontré que antes de empezar había que estar preparado 37

¿Qué siente al escuchar una objeción? 38

¿Qué piensa al escuchar una objeción? 39

Sarcástico e Irónico

¿Reconoce la frase: "Le hubiera contestado de tal modo"? 45

CUARTA PAUTA FILOSÓFICA: ¡Use el sarcasmo e ironía como fuente de creatividad! 48

v. Y empezar sutilmente con el manejo de la objeción: EVASIÓN 49

¡Gracias a las objeciones por existir! 49

¿Algún problema con esta etapa? 53

vi. Para llegar con la mente atenta al segundo paso: ABSORCIÓN 54

¿Para qué pelear con la objeción si podemos jugar con ella? 58

¿Qué nuevas formas de exacerbar la objeción 1.0 se le ocurren? 59

vii. Y develar con fuerza la verdad a tu cliente en el tercer paso: QUIEBRE 62

¿Es usted un manipulador? 63

QUINTA PAUTA FILOSÓFICA: "Nunca haga preguntas mientras se encuentre a mitad de la respuesta a una objeción" 68

¿Qué espera para empezar a hacer su objecionario de ventas? 75

SEXTA PAUTA FILOSÓFICA: "Siempre hay lugar y tiempo para lo productivo" 77

viii. PASO CUATRO: PROPUESTA 80

¿Por qué el tiempo es crucial en el manejo de las objeciones? 84

¿Le gustan las comedias en TV? 84

ix. PASO CINCO: ¿Quién le vende a quien? 87

Lluvia de Ideas 89

Futuro de las ventas personalizadas 93

La "masa crítica" en el futuro de un vendedor profesional 94

Breve Objecionario de Ventas 96

Datos de contacto: 101

Bibliografía 102

Elisur Pérez Sedano

AGRADECIMIENTOS

Muy especialmente agradezco a mis padres, sobre todo a mi madre, con quien sigo teniendo acaloradas discusiones sobre los mejores libros de ventas, sobre la búsqueda de nuevos mercados y referidos cada vez que nos reunimos para que disfruten de sus nietos. Con honestidad a ella le sigo aprendiendo las sutilezas del manejo de las objeciones que dieron origen a esta obra, que es una mezclada reseña de sus historias de ventas que después se continuaron con mis propias victorias, todas esas memorias muchas veces contadas a veces parecen fundirse en una sola gran historia de aventuras.

Muy encarecidamente agradezco a mis asegurados por darme la oportunidad de servirles cada año, refrendando su voto de confianza en mis servicios de asesoría profesional de seguros, siendo pacientes cuando cometo algunas torpezas administrativas pero implacables cuando se nos llega a retrasar alguna indemnización.

A los maravillosos seres humanos que integran mi fabuloso equipo de trabajo, que me apoyan con mucha pasión por el servicio que otorgamos, también a mis colegas agentes de seguros por compartir sus conocimientos, y por supuesto, a mis funcionarios en GNP de ayer y de hoy que en incontables ocasiones me han apoyado para indemnizar con diligencia a nuestros asegurados cuando más lo necesitan.

¡Gracias!

A todos por su invaluable apoyo

i. **Cuando al fin pude poner en papel lo que –con tanto esfuerzo- había aprendido sobre las objeciones.**

Hace unos 10 años, asistí a un evento de capacitación que organizaba la compañía aseguradora GNP[1] de la cual soy intermediario desde entonces. En aquella reunión me tocó conocer a uno de los grandes Gerentes de Ventas del momento, campeones de esa época, siempre ubicado entre los diez mejores reclutadores y generadores de talento en ventas de seguros de aquellos tiempos.

A pesar de su estatura como gerente de Ventas debo confesar que me sorprendió su actitud sobre el futuro en ese momento, porque era notoria su preocupación con respecto a la "inminente" desaparición de los agentes de ventas tradicionales, según su percepción, los vendedores estábamos destinados a la extinción en menos de una década por la avalancha de tecnología que en aquella naciente era digital se avistaba.

Recuerdo escucharle decir que seguramente países muy avanzados como Japón (en aquel tiempo China no era considerada superpotencia) ya estarían iniciando la migración de todas las transacciones de ventas a canales más impersonales como el correo electrónico y otros más que con el paso del tiempo se irían desarrollando.

Desde aquel primer encuentro con el sorprendente pesimismo de un exitoso reclutador respecto del futuro de los vendedores profesionales de carne y hueso, ha pasado casi una década ya en que si bien los medios alternativos de ventas han tomado su lugar, su misma naturaleza siempre cambiante empieza a generar una barrera natural respecto a su capacidad de penetración con los adultos en capacidad de financiar los costosos gadgets.

---

[1] Grupo Nacional Provincial, S.A.B. ofrece servicios financieros de seguros en México

En realidad me refiero a que una cosa es tener capacidad económica para comprarse un juguete caro y otra bien distinta es poder utilizarlo de modo que realmente se convierta en una ventaja competitiva que genere un despegue de ventas por encima del crecimiento esperado con la tecnología anterior; en cambio, la enorme capacidad de adaptación de los vendedores profesionales humanos les han permitido mantener muchos nichos de mercado interesantes, y en algunos casos recuperar algunos otros en los que muchos canales de distribución electrónica ya habían incursionado.

Aunque no pretendo hacer de este libro una apología de ventajas humanas sobre desventajas de los canales emergentes de ventas, si quiero enfatizar mi confianza que en los próximos años el vendedor profesional recuperará algunas ventas más, ya acaparadas por los canales automatizados.

Mi confianza no es una defensa de lo arcaico, es simplemente que por mucho que la ciencia avance seguirá siendo imposible sintetizar y automatizar la calidez de un buen apretón de manos, la mirada franca, la conversación amena, la actitud de servicio, son cosas que simplemente son demasiado humanas para poder versionarse en un sistema operativo.

¿Qué me apasiona tanto sobre las objeciones de ventas?

Tengo la firme creencia que cada ser humano es capaz de aportar a sus semejantes algo de sí mismo, la forma puede variar entre un granito de arena y una inmensa montaña; pero sobre todas las cosas estoy seguro que cada ser humano que se respete así mismo, tiene la responsabilidad de esforzarse en publicar sus hallazgos para mejorar las vidas de los demás.

Los grandes inventos, las grandes teorías y nuevos usos de tecnologías son hechos y descubiertos por hombres comunes de todas las razas y continentes. Así que, se debe ser temerario en pronunciarse sobre nuevas ideas o nuevos enfoques, pero sobre todo, es algo que debe hacerse, debe hacerse aunque duela, aunque cueste mucho trabajo con la esperanza de que el hallazgo trascienda, pero lo importante es que para la humanidad en su conjunto resultará un verdadero regalo.

Las objeciones de ventas siguen siendo la materia prima de mi profesión, están detrás de cada venta exitosa pero sobre todo de cada fracaso, tanto se ha dicho ya sobre el tema pero hay tan poco que –me parece- se ha avanzado en realidad, que no puedo pensar en un mejor tema para tratar entre vendedores profesionales.

En este tenor, entrego en sus manos años de investigaciones profesionales serias en materia de objeciones en ventas profesionales, hasta el punto en que he madurado las ideas para considerarlas dignas de envolverlas para regalo entre estas páginas para mis hijos, para mis padres y con mis mejores deseos para mis otros hermanos los vendedores profesionales.

¿Por qué el método 5SA es tan diferente a otras publicaciones sobre manejo de objeciones de ventas?

Cada año aparecen libros maravillosos que testimonian grandes proezas de ventas, trato de adquirir los más posibles porque respeto profundamente a los vendedores profesionales que se dan el tiempo para compartir sus aportaciones y hallazgos.

En ese sentido fue creada esta obra que tiene en sus manos, para dar un testimonio del triunfo generacional de una familia de vendedores, la idea no es nueva, pero en este caso la intención es la de perpetuar a través de la colección de un testimonio fiel, hecho en vida, de algunas grandes proezas que le han permitido a una familia de vendedores trascender generacionalmente.

Quizás algunas anotaciones le parezcan demasiado personales y es que me otorgué la licencia de dejar para mis propios hijos algunas anécdotas sobre negociación y cierre de ventas que he venido aprendiendo de mis padres, en especial de mi madre, de quien emana gran parte de la esencia del material que tiene en sus manos, y es que se trata de una vendedora "desde la cuna".

Desafortunadamente, para alguien que nació siendo vendedora, todas sus enseñanzas se dieron de la manera más dura y áspera, tal vez le resulte familiar el estilo, pero al mismo tiempo del modo más natural, a través del ejemplo, son muchas las veces que presencie su salida triunfal de una cita de negocios, incluso en el tiempo en que eran muy pocas las mujeres dedicadas a las ventas de seguros en México, mucho menos eran los casos en la provincia del norte veracruzano, donde el ambiente petrolero limitaba –y aún lo hace- a muchas de las mujeres trabajadoras a puestos secretariales al servicio de la poderosa industria petrolera.

Aunque mi contacto con el negocio familiar de ventas de seguros se dio desde muy temprana edad, es cierto que nunca me expuse a la necesidad de vender una póliza de seguros hasta los 29 años, antes de eso vi los toros desde la barrera, afortunadamente mi educación formal como ingeniero industrial y los años de ejercer profesionalmente tan noble profesión me permitieron combinar el pensamiento sistémico y el análisis de los procesos productivos con la innata capacidad de mi madre para vender pólizas de seguros.

Muy al principio de mi vida activa como vendedor de seguros, durante mi formación más intensiva en conceptos y técnicas de ventas, noté con desconcierto como -con bastante frecuencia- las personas se referían al "arte de las ventas" de seguros como si se tratara de hechicería reservada solo a algunos iluminados.

Fue muy frustrante ir a visitar prospectos que me daban con la puerta en la frente, para después rehacer la visita en compañía de mi mentora y salir con una solicitud de seguros firmada, caray que me enfurecía la experiencia, sobre todo porque los sabios consejos de mi maestra eran los mismos que encontraba en toda la literatura sobre ventas exitosas de seguros que tenía a mi alcance.

Sin embargo, mi intuición de ingeniero industrial, refinada en las plantas industriales para ver pequeñas diferencias en los procesos de trabajo, me seguía lanzando señales de alerta sobre algo que estaba muy mal en el enfoque de enseñanza, aún siendo una vendedora consolidada la que me intentaba educar.

Tras algunos años de pruebas y errores, muchos acalorados debates sobre el deber ser de las ventas, días enteros en seminarios y cientos de horas de lectura sobre ventas, me llegó la visión al principio del año 2010, ese "click" que faltaba para enganchar finalmente todo lo que si me demostraba con los resultados sin poder explicármelo con sus enseñanzas, así que me apresuré a hacer los primeros garabatos para traer a letra escrita esa tradición oral que mi mentora experta en vender –no en enseñar- me evidenciaba con la práctica.

Esta búsqueda constante me ha rendido frutos en la práctica y me ha permitido emprender la sistematización de acciones contundentes en forma de un método simple que se puede replicar por casi cualquier vendedor entusiasta que quiera triunfar, como yo.

Así pues, se trata para mí de una satisfacción personal, pero sobre todas las cosas de un legado generacional apasionante que nos llega de mi abuelo materno, un excelente vendedor que vivió como rico y murió en la más amarga de las miserias, de mi madre que aprendió de su padre desde muy niña a negociar y salirse con la suya, y finalmente mi propio éxito que me permite plasmar en forma sistémica el "arte" de las ventas que se encuentra latente en nuestra sangre, pero que pudo perderse con mi madre, considerando que soy el eslabón más débil de las tres generaciones mencionadas, y sin embargo, a través de estas páginas siento la alegría -y cierta paz espiritual- de poder compartir con mis colegas, pero sobre todo con mis propios hijos las enseñanza que pude rescatar de la sabiduría de mi familia: "El arte y ciencia de las ventas profesionales".

ii. **Me costó mucho trabajo pero lo más interesante es que lo pude resumir en cinco sencillos pasos**

Cuando empecé a bosquejar la descripción del 5SA para lidiar con las objeciones de ventas, me surgieron varias dudas respecto a la aplicabilidad de la idea en los diversos contextos de ventas, después de todo la cantidad de vendedores y productos se va prácticamente al infinito cuando pensamos que a las antiguas necesidades se van sumando nuevos enfoques todos los días y eso genera nuevas oportunidades de negocio que son tomadas por aquellos que deciden adaptarse a las nuevas condiciones de mercadeo.

Analogía del chef y el vendedor

Me gusta mucho encontrar analogías entre los conceptos a mi alrededor, sobre todo porque me permite reflexionar respecto a mis necesidades más básicas como vendedor profesional, en este tema una de mis analogías favoritas son las necesidades de los chefs al cocinar.

En el caso de los chefs, podríamos decir que al menos desde que el hombre descubrió la aplicación del fuego para calentar sus alimentos siempre ha habido necesidad de cocinar, pero hoy la parrilla de leña o carbón no son sus únicas opciones, ahora también existen parrillas y hornos de gas, de resistencia eléctrica, de microondas, solares, más las opciones que se sigan acumulando en el futuro, es decir, siempre ha existido la necesidad de cocinar, solo que hay quien ahora desea hacerlo a la leña y hay quien desea hacerlo en microondas.

En el caso de los agentes de ventas, desde que los primeros mercaderes usaron el trueque, las formas de hacer funcionar el comercio han ido cambiando, el trueque sigue siendo válido aunque seguramente ha perdido su auge con el paso de los siglos. Hoy las formas de hacer negocios son muy variadas, desde el piso de remates en la bolsa de valores hasta la venta de mostrador, todo se mueve por la misma necesidad básica de intercambiar bienes y servicios, como sucedió hace milenios con el primer trueque de la historia.

La conocida frase: "Más vale malo por conocido que bueno por conocer", que alude a una aplastante ventaja de conocer muy bien algo frente a lo imprevisible de intentar algo desconocido, de alguna manera, me hace pensar en lo que sintieron los primeros cocineros que experimentaron con los hornos de gas, o aquellos vendedores que adoptaron el dinero como medio de intercambio, debió ser complicadísimo, sin embargo sucedió y existe hasta nuestros días.

Realmente me hace reflexionar que a fin de cuentas, no importa que tanto se automatice la cocina o el comercio siempre será necesario un intermediario, llámese Chef o llámese Agente de Ventas, para hacer funcionar las cosas.

Basado en esta analogía me pregunto:

¿Cuál será la actitud de los vendedores veteranos ante mí propuesta?

Más aún,

¿Cuál es su actitud ante cualquier propuesta de cambio en su método de ventas?

La razón es que soy un vendedor acostumbrado a la insistente regularidad por parte de mis funcionarios regionales de ventas, sobre la necesidad de "reinventarme" para usar siempre la versión más actual de las mejores prácticas de trabajo en las ventas.

Esta petición hecha a los vendedores respecto a sus prácticas de trabajo me parece como pedirle a un chef que ya no utilice su querida hornilla de gas y que al menos este año utilice microondas solamente, sin duda lo podrá hacer, al menos por un tiempo pero en forma natural hará lo necesario por regresar a sus viejas hornillas de gas.

Usando la analogía de la cocina en el contexto de las ventas profesionales, aplicar el método 5SA no es un cambio de gas a microondas, en realidad me parece más como tomar las parrilla de gas que tanto le gusta y aprender a usarla a conciencia, no solo se trata de saber si está a fuego lento o intenso y tener buena sazón, sino profundizar en las temperaturas que alcanza para cocinar, el significado del color de la flama que produce, la forma en que interactúa con utensilios de cocina diversos y todos esos detalles que pueden hacer la gran diferencia en el paladar de sus comensales.

Este profundo aprendizaje del método lógico 5SA toma tiempo, igual que le toma tiempo a un chef dominar un estilo de cocina, por eso, en verdad me preocupa mucho verme reflejado en colegas míos, que después de llegar a cierta etapa de madurez lucen realmente cansados de seguir "reinventándose" a ellos mismos, digámoslo así, de seguir cambiando de leña a gas y luego a microondas y al cabo de unos años de vuelta a la leña.

De hecho, me confieso incrédulo de poseer capacidad o fuerza de voluntad para mantenerme toda la vida en el ciclo de construir y destruir mis prácticas de trabajo, entiendo que después de veinte años de repetir el ciclo anual mi desgaste sería ya muy considerable.

¿Ha escuchado la frase: "Hay cosas que he dejado de hacer"?

De no hacer algo para prevenirlo, tal vez, como a algunos de mis colegas, algún día me pase también que cada año termine destruyendo cada vez más de lo que logre reconstruir, sin que mis resultados premien con creces mis esfuerzos, si usted es vendedor veterano probablemente sepa a qué me refiero.

Precisamente, por eso me urgía tanto cortar el ciclo destructivo a través del 5SA, porque me interesa que el impulso creativo esté presente en forma vitalicia en mi carrera como vendedor profesional, pero tampoco me interesa llegar al primero de enero de cada año con un clásico "borrón y cuenta nueva", porque es fácil hacerlo a los 40 años de edad, pero a los 50 o 60 es natural que una actividad tan demandante física y emocionalmente como las ventas profesionales de seguros me tenga ya algo desgastado.

Mi apuesta es que la solidez del 5SA me permita usarlo como chasis a lo largo de toda mi vida productiva para ayudarme a construir sobre los cimientos de los años anteriores, en lugar de ser una escoba que barra con todo año tras año.

En realidad el ciclo para aniquilar las objeciones a través del método 5SA es muy simple, esa simplicidad no es casualidad, así lo concebí para poder tenerlo a la mano como una referencia rápida siempre que necesite generar fácilmente respuestas intuitivas -y bien hechas- para contrarrestar las principales objeciones de mis clientes.

El primer borrador del ciclo de respuesta rápida se puede dibujar fácilmente:

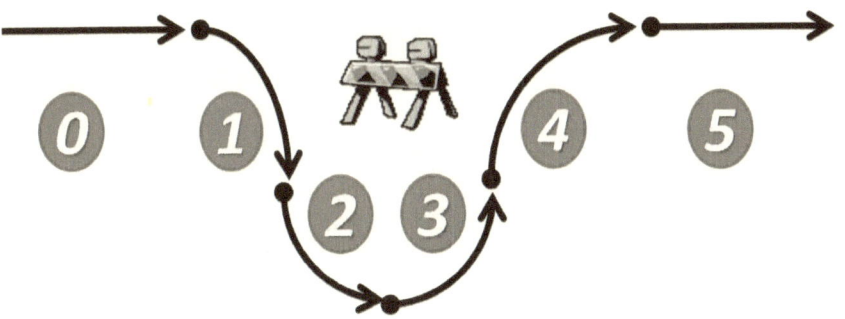

Ilustración 1 Modelo simplificado de cinco pasos

¿Simple verdad?

La razón de exponer lo más detallado posible desde el principio el método 5SA y después irlo desarrollando hasta que podamos lograr la generación de un objecionario es que: ¡No pretendo hacerlo perder su tiempo! Yo también vivo de mis ventas profesionales de seguros y mi intención no es engancharlo con este libro para después venderle un curso de 1,000 dólares para que aprenda a rebatir objeciones.

No porque esté mal, al contrario, admiro sin reservas a los grandes vendedores que han cometido el descomunal acierto de haber creado toda una industria alrededor de sus obras, por ejemplo, he leído bastante de Eliyahu M. Goldratt, José Salas Subirat, Dale Carnegi, Og Mandino, Alex Dey, Zig Ziglar, John C. Maxwell, Robert T. Kiyosaki, Camilo Cruz, Blair Singer, Frank Bettger y otros geniales emprendedores de ayer y de hoy que atesoro en mi selecta biblioteca personal.

Precisamente la materia prima para escribir me llegó de tanto leer y mi afición por aprender como si tuviera la obligación de enseñar, llegó un momento en que leer tanto, comentar tanto, comparar tanto, me llevó inevitablemente a encontrar vacíos pendientes en los temas que más me interesan.

Además, preparo esto lo mejor que puedo –con mis limitaciones naturales como escritor debutante- porque me gusta compartir, pero sobre todo, en esto el mayor de mis orgullos sería que algún día mis propios hijos pudieran tener aquí una referencia para cuando a ellos les toque enfrentar su vuelo por la vida.

Llamémoslo una cuestión de principios.

Entiendo que si usted tiene muy fresca y ágil la mente, tal vez ya haya atrapado la idea completa con apenas una hojeada y el resto del texto le servirá como material de consulta para poder acudir a él cuando sienta necesidad de aclarar algunos puntos importantes.

En cambio, si usted es de los míos y necesita absorber poco a poco las ideas para lograr rebatir objeciones de ventas, de igual modo ir revisando pausadamente el proceso será una experiencia muy útil y espero que reveladora.

De cualquier forma la intención es que viva el proceso, que arrastre el lápiz para razonar a fondo las objeciones de sus clientes y pueda evolucionar de alguien que vive de las ventas a un vendedor experto en rebatir las objeciones de sus clientes.

Pero para entender mejor el proceso, imagínese a un equipo de carreras de relevos, cada integrante tiene una meta específica dentro del equipo que se suma a la meta final, de hecho, cada corredor toma una posición de acuerdo a su especialidad, ya sea para abrir la carrera con arranque poderoso o para cerrarla a toda velocidad.

Precisamente, en nuestro método 5SA debemos entender que la "estafeta" debe pasar por cada etapa del proceso, no podemos recorrer toda la pista con éxito sin exigir el máximo esfuerzo en cada etapa, dejar caer la estafeta por falta de comunicación entre uno y otro corredor equivale a desconectar las etapas, simplemente resulta catastrófico.

Cruel analogía de la novia

Más adelante revisaremos varias analogías que le serán muy útiles para recordar de una forma muy sencilla cada etapa en el diseño de respuestas rápidas a las objeciones de sus clientes, incluso a continuación me gustaría analogar la objeción con la novia adolescente, digo, casi todos vivimos alguna vez un noviazgo de manita sudada, de esos que se dan antes o durante la universidad, en muchos casos el ímpetu juvenil nos hace actuar irresponsablemente y a veces hacer lo que sea con tal de estar con la persona amada, eso sí, en muchísimas ocasiones estas relaciones son "llamaradas de petate", con la misma pasión que nacen se desaparecen, pues bien, algo en común tiene esta situación con el manejo de objeciones, por el momento repasemos brevemente con la analogía de "la novia" los pasos que seguimos en el método 5SA:

PASO CERO: Antes de empezar, debemos separar las verdaderas objeciones de las que son solamente dudas razonables sobre nuestro producto o servicio. Y claro, es como cuando está cortejando a su futura novia, hay que tener lista la estrategia, con tal de que diga que sí, pues a todo lo que ella pida hay que decirle que sí, para qué pelearse antes de que nada pase, al contrario, positivismo a toda prueba.

PASO UNO: Evitar a toda costa la confrontación directa con nuestro cliente. Sonría, no se ofenda por cualquier cosa, si su noviecita quiere ir de paseo pues se trata de inversión, no sea pichicato, dígale que sí a todo, como dicen: "lo importante es conocernos", déjala que tome confianza, que se sienta a gusto, ¡Qué bonito es lo bonito!

PASO DOS: No atacar la objeción, al contrario, hay que asimilar la objeción usando toda nuestra creatividad para ampliar sus efectos, abrácela como a una hermosa novia, dígale sus virtudes, lo mejor es que luzca vibrante, intensa, desbordante, entre más grande y mayor dramatismo lograremos en idealizarla, mejor resultado obtendremos para el resto del proceso. Ignore los defectos y vea puras virtudes, todo mientras el romance dure.

PASO TRES: ¡Muestre colmillos y garras! ¡Ataque! ¡Traicione a su noviecita! ¡Dígale lo fea que se ha puesto con los años! ¡Dígale que se ve gorda! Se trata de ser implacable en sus argumentos para refutar la objeción, la objeción es después de todo la mala de la película.

PASO CUATRO: ¡El mejor momento para retomar el cierre de ventas! Hágale de nuevo la propuesta a su noviecita, pero ahora bajo sus términos, si quiere con sus condiciones pues adelante, si no pues hasta allí llego todo, póngase digno: "podemos seguir siendo buenos amigos", porque siempre hay que darle una salida honorable a la situación, porque bien dicen que lo cortés no quita lo valiente.

PASO CINCO: Ya no lo canse con discursos. ¡Cállese y venda!. O lo que en la analogía de la noviecita sería el famoso "no eres tú, soy yo", hora de cortar por lo sano, después de todo el ofendido es usted y la objeción es la culpable.

Quizás suene bastante extraño y hasta un poco cruel analogar un proceso de manejo de objeciones con el ciclo de vida de un noviazgo fugaz, de esos que siempre han estado muy de moda entre los jóvenes inmaduros (me lo han contado, no es que necesariamente lo sepa por experiencia), sin embargo, la idea es que se entienda que una respuesta a las objeciones puede abordarse como un proceso que tiene pies y cabeza.

En el recuadro siguiente le propongo diferentes verbos que le pueden ayudar a recordar mejor la meta que sigue cada eslabón en la cadena del método 5SA:

 OBJECIÓN

0 ENCONTRAR, DETECTAR, HALLAR, DIFERENCIAR

1 EVADIR, EVITAR, ESQUIVAR, ELUDIR, CONDESCENDER

2 AMPLIFICAR, INFLAR, AMPLIAR, EXAGERAR, EXHORBITAR, ENCARECER, DRAMATIZAR

3 REFUTAR, DESTRUIR, DESMANTELAR, DESMORONAR, DINAMITAR, ESTERILIZAR.

4 PROYECTAR, PROPONER, PRESENTAR, PRESUPUESTAR

5 CUADRAR, RECALCAR, ENFATIZAR, CERRAR

Ilustración 2 Listado de equivalencias

En realidad, aquí empiezan a notarse las primeras diferencias contra otras muchas propuestas que usted puede encontrar gratuitamente por internet o en cualquier libro especializado de ventas, porque es precisamente a partir de este momento en que podremos explorar la mayor ventaja competitiva: LA CAPACIDAD DE CREAR SUS PROPIAS RESPUESTAS RÁPIDAS A OBJECIONES.

Es muy importante que una respuesta obtenida a través del método 5SA respete las pautas filosóficas que desde aquí y durante el resto de los capítulos iremos formando como piedras angulares:

PRIMERA PAUTA FILOSÓFICA: ¡Tiene 60 segundos! No los desperdicie.

Las razones para obligarnos a mantener el límite de 60 segundos en cada respuesta, para usted que vende como para su cliente, resulta mucho más sencillo comprender ideas cortas y bien orientadas, en lugar de recibir todo un discurso de buenas intenciones por las cuales debería su cliente comprarle su producto.

Hacerlo corto, también provoca que usted como diseñador de respuestas a través del 5SA se obligue a sacar del "baúl de las anécdotas" todo el repertorio de experiencias, se trata de que construya sobre sus propios cimientos, entre menos tiempo tenga para acomodar sus respuestas, mejores elegirá sus palabras y mayor será su satisfacción en los resultados frente a sus clientes.

SEGUNDA PAUTA FILOSÓFICA: ¡Sea original! No copie respuestas, diseñe las suyas en su propio estilo literario.

De vendedor a vendedor, le pido que no se engañe a usted mismo, diseñar respuestas originales significa, precisamente, esforzarse al máximo por desempolvar su creatividad y ponerla al servicio de sus ingresos, ¡Sí, de sus ingresos! ¿O acaso se dedica a las ventas por caridad?

Ponerse a copiar respuestas de este y otros libros es muy cómodo, yo lo sé, usted lo sabe, pero crear un repertorio completo de respuestas irrefutables, certeras y cerradoras, requiere tiempo, otórguese la licencia de invertir tiempo súper productivo para su negocio.

TERCERA PAUTA FILOSÓFICA: Corone sus respuestas con intentos de cierre.

Al final, no se trata de que las respuestas diseñadas con el 5SA sean lindas, se trata de que cada respuesta venda, precisamente crear respuestas bajo una metodología bien pensada le permite aumentar muchísimo su porcentaje de cierres, trabajar mucho no es importante si los cierres no llegan. En este sentido, cada objeción desencadena un nuevo intento de cierre, sin rodeos ni engaños, cada vez que su cliente dispare una objeción usted dispara un intento de cierre, así de simple.

Estar preparado para manejar las objeciones, tener un repertorio de respuestas bien pensadas y listas para aplicarse durante la entrevista de ventas es equivalente a levantar la guardia en el boxeo, si usted es aficionado a este deporte sabe que mantener la guardia arriba es parte esencial de un enfrentamiento, no se puede llegar al centro del cuadrilátero con los brazos caídos o el resultado puede ser una quijada fracturada.

Eso es de lo que se trata prepararse para la entrevista, pre-pararse, pararse con disposición para el combate anticipándose a su adversario, tome nota de la próxima pelea de box que vea por TV, se dará cuenta que existen boxeadores exitosos con diferentes características, algunos tienen un golpeo noqueador impresionante, sus manos parecen auténticos mazos, otros, tienen mucho menos poder en los puños, sin embargo, tienen un amplio repertorio de golpes. Además existen los boxeadores del montón, sin poder, sin técnica, auténtica carne de cañón, algunos son puro corazón, como decimos en mi pueblo: "le echan ganas" y cuando ganan lo hacen por algún golpe de suerte o por abrumar físicamente a su adversario, lo persiguen y lo agotan hasta que el otro boxeador prácticamente se desmaya de pie ahogado en sangre de ambos púgiles, el problema es que siempre son relegados a peleas de relleno en carteleras sin importancia y su vida profesional no resiste tanto castigo.

Lo mismo sucede con los vendedores profesionales, somos guerreros de diferentes divisiones, hay quienes acostumbran intermediar facturas astronómicas, los hay millonarios, los hay de a peso y los hay centaveros, del día a día, y sin importar el tipo de división al que uno pertenezca, todos tenemos competidores naturales que estarían muy satisfechos de saber que usted es de los que llegan con la guardia baja a cada entrevista.

Después de todo si usted se entrevistó con un buen prospecto y arruinó la venta por falta de preparación, solamente está aumentando las posibilidades del próximo vendedor que llegue a tocar la puerta de ese mismo cliente. Acaso nunca ha escuchado frases como: "Esto ya me lo habían ofrecido, ¡Pero no me interesó!"

Sarcástico e Irónico

¿Le parece demasiado simple el método 5SA para manejar las objeciones?

En realidad lo es, pero es invaluable que un vendedor profesional desarrolle la habilidad de responder, siempre, o casi siempre bien, ante la presión que significa enfrentarse todos los días con las objeciones de ventas, es precisamente la diferencia entre un veterano cansado y otro vigoroso, la efectividad se puede sistematizar, lo que me recuerda una frase que se le atribuye al gran Bruce Lee:

> "No Temo al hombre que ha practicado 10,000 formas de patear, pero temo al hombre que ha practicado una patada 10,000 veces."

Precisamente, la única constante a partir de este momento será el método 5SA, sin embargo, la creatividad tendrá suficiente campo de acción dentro de los límites que el método ofrece para ser efectivo.

Para continuar, con toda honestidad, debo comentarle que sí acaso existe un defecto grave en el método 5SA, debe ser que los temas tratados en estas páginas no están destinados a ofrecer conocimientos básicos a vendedores principiantes.

Considero que es mucho más productivo para vendedores que viven de sus comisiones, porque son estos valientes los que salen todos los días a arriesgarse, a rifársela como los cazadores nómadas de la prehistoria, si no cazaban una presa no había garantía de comer al siguiente día.

La actitud de cazador es aún indispensable en los vendedores comisionistas de hoy, saben que "cazar" es la única forma de poner comida en la mesa, no dependen de un presupuesto corporativo, dependen de sus propios resultados, por esto, trate de ser diligente con el enfoque de todo el texto, que es integrar sus conocimientos y experiencia previa, alineándola a la técnica 5SA de cierre de ventas, es lo más parecido a cambiar el arco y la flecha por un rifle.

Aunque al final del texto le comparto una versión del objecionario de ventas, a partir de este momento vamos a trabajar con tres objeciones muy comunes y una versión de las respuestas emanadas del método 5SA. Recuerde, las respuestas no son únicas y son ilustrativas para tener una idea clara de cómo crear sus propias respuestas a las principales objeciones de sus clientes:

Tabla 1 Respuestas a objeciones comunes

1.0	LOS SEGUROS SON PURAS MENTIRAS	2.0	CON EL REGRESO A CLASES VAMOS A TENER MUCHOS GASTOS	3.0	ANTES VOY A COMPRARLE UNA CASA A MI HIJO
1.1	Comprendo muy bien su decepción…	2.1	¡Es cierto! Esta época del año es complicadísima…	3.1	¡En verdad lo felicito!
1.2	Porque está comprobado que un 12% de los agentes de seguros mal informan para poder vender, haciendo parecer que todos los seguros, aseguradoras y agentes somos unos mentirosos, lo peor es que ese 12% de gente mentirosa también existe entre banqueros, médicos, abogados o arquitectos, es más, existe en la humanidad misma…	2.2	Entre los gustitos vacacionales y los gastitos escolares, se le hacen hoyos a la cartera…	3.2	Ya que está en el mejor momento para adquirir patrimonio que genere una renta segura para su hijo… sobre todo tratándose de una inversión que le dure toda su vida…

Sarcástico e Irónico

1.3	Pero estará de acuerdo conmigo que es injusto culpar al cemento por un mal acabado, o a las medicinas por una negligencia médica, aunque es completamente válido cambiar a quien nos falló…	2.3	Pero al mismo tiempo se confirma que sus hijos sin usted no tendrían la menor oportunidad de tener un feliz regreso a clases, porque hoy las angustias económicas las sufre usted y no ellos…	3.3	Precisamente, vine a ofrecerle que su inversión esté blindada contra siniestros, delincuencia organizada, cambios de residencia o altos costos de mantenimiento que son nefastos para sus bienes inmuebles…
1.4	Por eso le propongo acabar con esas mentiras sobre los seguros que lo tienen decepcionado, para que no sigan afectándolo en su toma de decisiones sobre la mejor forma de garantizar el futuro económico de su familia a través de una buena póliza de seguros…	2.4	Precisamente, mi propuesta garantiza que nunca sean ellos los que se angustien por el costo de libros, uniformes o colegiaturas…	3.4	Mi propuesta es muy simple, en lugar de gastar su tiempo y dinero en albañiles, materiales e impuestos, inviértalo con nosotros a cambio de que su hijo goce de una renta mensual garantizada, sin preocuparse de inquilinos latosos, cambio de residencia o problemas con delincuentes…
1.5	Si de algo puede estar seguro, es que yo le voy a hablar con la verdad aunque duela, como lo hago con todos mis asegurados…	2.5	Porque usted mismo lo deja resuelto desde hoy…	3.5	Déjenos preocuparnos por los riesgos, mientras usted garantiza que su hijo disfrute de su inversión…

¿Qué le parecen los ejemplos?

Quizás haya notado que me olvidé por el momento de los clásicos ejemplos "no tengo dinero", "necesito consultarlo con mi esposa" y otros, precisamente porque me interesa comprobar que el método 5SA realmente ofrece un camino seguro bajo cualquier nueva forma de objeción. Aunque no son las clásicas objeciones que usted encontrará en otras publicaciones, estará de acuerdo conmigo que los tres ejemplos son objeciones realmente comunes para casi cualquier producto, por lo que nos dedicaremos a estudiar las respuestas a las mismas, primero veremos cómo funcionan y después cómo se formaron, porque la intención es avanzar a través de todo el proceso creativo, paso a paso, sin dejar caer "la estafeta" en el intento.

Cabe señalar que en este proceso creativo, vamos a empezar a utilizar como referencia los prefijos que identifican a cada objeción y a cada etapa del proceso 5SA, es decir, en adelante cuando me refiera a la etapa AMPLIFICAR del ejemplo 2, que está identificado con el sufijo 2.2, en realidad me estaré refiriendo a la expresión: "Entre los gustitos vacacionales y los gastitos escolares, se le hacen hoyos a la cartera…" y así podría referirme a los demás, por lo que el sufijo: 3.1 se refiere al ejemplo 3 en la etapa EVADIR: "¡En verdad lo felicito!". Esta división nos será muy útil para contrastar las etapas, por ejemplo, podríamos estudiar la etapa de PROPONER identificada con los sufijos 1.4, 2.4 y 3.4:

Tabla 2 Ejemplo de análisis de la cuarta etapa del 5SA

| 1.4 | Por eso le propongo acabar con esas mentiras sobre los seguros que lo tienen decepcionado, para que no sigan afectándolo en su | 2.4 | Precisamente, mi propuesta garantiza que nunca sean ellos los que se angustien por el costo de libros, uniformes o | 3.4 | Mi propuesta es muy simple, en lugar de gastar su tiempo y dinero en albañiles, materiales e impuestos, inviértalo con nosotros a cambio de que su |

toma de decisiones sobre la mejor forma de garantizar el futuro económico de su familia a través de una buena póliza de seguros...	colegiaturas...		hijo goce de una renta mensual garantizada, sin preocuparse de inquilinos latosos, cambio de residencia o problemas con delincuentes...

iii. Algo curioso es que pude hallar muchas analogías divertidas

¿Le ha pasado que de pronto se le ocurre una idea y no puede esperar para escribirla?

Se lo pregunto porque ya antes le hablé de cómo me llegó la idea que dio origen al 5SA, sin embargo, lo que aún no le he confesado es que el momento de inspiración, curiosamente, me llegó sentado en plena parroquia mientras asistía a la tradicional misa dominical, pero lo cierto es que la búsqueda comenzó mucho tiempo antes, incluso podría remontar la historia tres años antes mientras asistía a uno de tantos excelentes cursos de ventas que he tomado en mi carrera.

Precisamente, el instructor de aquel curso fue el buen amigo, Jorge Bulnes, que en sus cursos de ventas pone especial énfasis en la motivación, él mismo es, de hecho, un fenomenal motivador que atrapa a sus alumnos en una dinámica de positivismo que por sí sola alcanza como combustible para varios meses.

Sin embargo, como la mayoría de los cursos a los que he asistido en mi vida, tiene el tiempo muy limitado, además de enfrentar una gran presión de probar resultados inmediatos, lo que generalmente acota mucho las exposiciones a explotar al máximo dos herramientas: motivación y "cliches" de ventas, el primero para encender a su audiencia y lo segundo para convencer a los gerentes de ventas de haber tomado una buena decisión al contratarlos.

Los "cliches" están presentes en todas las publicaciones de ventas, sobre todo cuando se trata el tema de las objeciones, y aquí precisamente es donde empezó mi búsqueda. Resulta que durante un año completo me dediqué a coleccionar y transcribir las mejores respuestas a objeciones de ventas, busqué por todos lados, en revistas, libros antiguos y nuevos que voy coleccionando, muchos listados de respuestas que otros vendedores han publicado en internet.

En fin, la idea era comparar su efectividad en la práctica durante mis propias citas de ventas, después de varios meses de prueba y error, sobre todo esto último es muy doloroso, porque usted que es mi colega de ventas profesionales, sabe lo mucho que duele en el bolsillo no cerrar una venta, y sí que me dolió mucho y me costó mucho dinero andar experimentando.

Durante esta recolección de "mejores respuestas" nació mi primera versión del OBJECIONARIO DE VENTAS, que por supuesto he ido modificando en forma muy dinámica hasta dejarlo en la versión de la cual comparto una parte en este libro.

Este ejercicio de pulir y modificar las mejores respuestas a las objeciones, me permitió notar "en la práctica" como algunas respuestas sencillamente no daban en el blanco, escritas y explicadas por sus autores parecían tener tanto sentido, pero ya en la práctica sencillamente me despistaban del camino hacia el cierre de ventas.

Ilustración 3 PRIMER OBJECIONARIO DE VENTAS

Por otro lado, existían otras respuestas que "mágicamente" me hacían perforar las corazas enemigas y llegar al objetivo, en repetidas ocasiones noté como unas respuestas aunque parecían geniales en papel, sencillamente resultaban mediocres en la práctica, y sus contrapartes tenían sencillamente "el toque del artista".

Desafortunadamente, en la primera versión del objecionario de ventas las respuestas "mágicas" resultaron ser bastante escasas. De hecho, la relación de éxito era de 1/6, de la selección de 30 respuestas finalistas solamente 5 parecían tener ese poder de atrapar a mis prospectos con frecuencia.

Naturalmente llegó el tiempo de la siega en que debía separar el trigo de la cizaña, pero no podía quitarme la sensación de que algo estaba faltando, después de un año de investigar solo tenía un objecionario con cinco respuestas mágicas de 30 posibles, pero aún ni la menor idea de cómo replicar el éxito de estas respuestas, me faltaba "el toque del artista".

¿Qué es el toque del artista?

Esta analogía me hace recordar con cariño la década de los noventas cuando como estudiante de ingeniería pude abrir los ojos a nuevos paradigmas que han marcado mi vida desde entonces. En aquellos años pertenecí a un grupo de estudiantes universitarios asignados a proyectos de ingeniería en una empresa de producción de monoblocks de aluminio de un importante grupo empresarial italiano y que se exportaban al mercado americano principalmente.

En aquella oportunidad pude ser testigo de los impresionantes procesos de producción de alta tecnología que en aquel entonces podían lograr cosas sorprendentes para generar productos de altísimos estándares internacionales, pero es también cierto que en medio de toda esa ciencia aplicada y estándares de calidad tecnológicamente avanzados, existían pequeños secretos, pequeños huecos, casi invisibles, que daban lugar a verdaderas proezas de inteligencia, destreza y experiencia de personas de carne y hueso sobresalientes, los verdaderos artistas detrás de toda esa magia tecnológica.

En particular recuerdo cómo confirmé mis sospechas, cómo entendí que a pesar de que todas las mediciones, controles de calidad, registros estadísticos y estándares que marcaban parámetros normales, resultaba frustrante que un lote de producto seguía saliendo con "porosidad" en una de sus paredes de aluminio, aunque usted no sepa de lo que le hablo estará completamente de acuerdo conmigo que ni usted ni yo queremos que el coche estacionado en casa tenga una gotera de aceite o gasolina en el motor.

El caos era tal que todos los esfuerzos por normalizar la producción resultaban infructuosos, hasta que la desesperación llevo a levantar "el teléfono rojo", que solo se usa en situaciones de verdadera emergencia y que se tiene como as bajo la manga, aunque del otro lado de la línea no contestó ningún encapuchado con capa, el resultado es que en dos días estaba presente en la planta el "artista" que había tomado un vuelo desde Italia para llegar a solucionar lo que solo él podría solucionar, para mi sorpresa el artista logró superar todas las expectativas y en menos de 5 intentos había logrado normalizar la producción,

Este pequeño ejemplo devela cual es el verdadero secreto de cualquier proceso de alta tecnología, manufactura, software, o de servicios, al final de cuentas la grandeza del éxito empresarial se le debe al "toque del artista".

Esta misma constante se hace presente en el proceso de ventas, sin importar de cual canal de distribución se trate: internet, telemarketing o venta directa, los grandes logros siempre se deben a quien es el indicado para calibrar el sistema, quien logra definir los parámetros ganadores, quien logra el cierre millonario de ventas, el experto, el gurú, el artista que domina las ciencias, las artes y la magia de las ventas profesionales, aquel capaz de imprimir su toque personal en el competitivo mundo de los negocios.

El relato del "toque del artista" anterior me lleva directamente de regreso a ese domingo en la parroquia en que por fin llegó el minuto de inspiración, por supuesto, como cualquier domingo llevamos nuestra biblia familiar, en casa contamos con una versión impresa con empastados blancos que nos acompaña desde que cometí el acierto de casarme con mi esposa Lupita en el año 2005.

Recuerdo muy bien cuando estando en misa, abrí nuestra biblia familiar y ¡El flashazo me deslumbró!, ¿Por qué no lo había visto antes?, déjeme explicarle un poco mi sorpresa y que la desesperación por regresar a casa en ese momento me tuvo inquieto durante toda la homilía, no quería perder el "momentum" de la visión, ¡No podía esperar!

Por fin, después de viajar por interminables 10 minutos pude sacar todos mis apuntes y empezar a garabatear mi visión sobre las respuestas exitosas, es curioso que la pieza faltante del rompecabezas fuera algo tan simple y práctico como dividir temáticamente las respuestas del objecionario.

Tal como sucede en la biblia que se divide en libros, capítulos y versículos, lo único que me hacía falta era poder analizar cada respuesta del objecionario con el equivalente de lo que en la biblia serían los versículos, digamos por ejemplo: Lc 3:2-12. (Evangelio de Lucas, Capítulo 3, versículos del 2 al 12)

Después de todo, buscar una referencia en la biblia resulta fácil precisamente gracias a esta división temática, y por fin, de los primeros garabatos sobre mi selección de cinco mejores respuestas a las objeciones pude reconocer cinco etapas muy claramente estructuradas de inicio a fin en un orden lógico.

¡Es cierto!, pasé los siguientes días garabateando numeritos del uno al cinco sobre las 30 respuestas del objecionario original, en muchos casos la respuesta solo cumplía con tres de cinco pasos, otras respuestas llegaban a cumplir con cuatro pasos y solo unas pocas encontré con muy pobre cumplimiento de solo dos pasos de cinco necesarios.

Durante los siguientes semanas, trabajé arduamente en rediseñar mi propio objecionario de ventas, también empecé a trabajar gráficamente en justificar minuciosamente cada etapa del método.

La primera analogía que vino a mi mente fue la que ya antes le compartí, la idea de rodear un obstáculo en el camino me pareció en primera instancia una forma sencilla de mantener claras en mi mente las etapas del método 5SA:

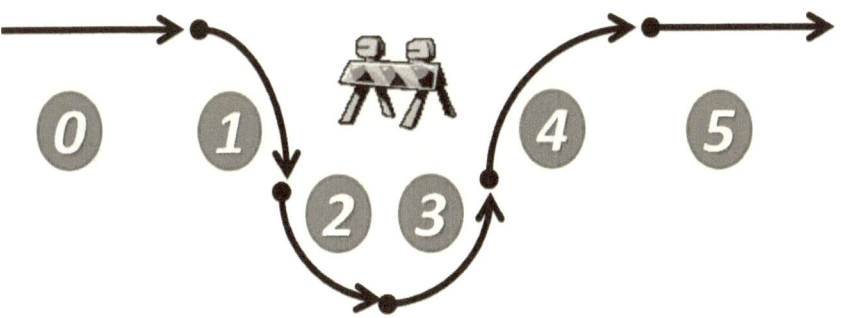

Ilustración 4 Modelo Simplificado de cinco pasos

Muchas de las respuestas de la primera versión del objecionario de ventas que había coleccionado durante una buena temporada fueron desechadas o rediseñadas.

Ahora que lo medito con calma, me sorprende cómo pude seleccionar dentro de las finalistas a respuestas con tan pobre cumplimiento, pero esto sucede con frecuencia en la vida cuando se revisan los errores pasados y generalmente uno mismo termina por exclamar: "¡Con tan poca cosa me complicaba la vida!"

Realmente me alegra compartir con usted la emoción que me causó saber que por fin había llegado el momento, dando el siguiente paso en el desarrollo de un buen método para generar mis propias respuestas a cualquier objeción que mis prospectos de ventas me pusieran enfrente.

Esa noche me sentí realmente satisfecho, hasta ese día había pasado muchos meses viajando en círculos sin poder encontrar este siguiente paso en el desarrollo de mi propio método que tanta falta me hacía.

Desde entonces he venido comprobando en los hechos que la aplicación del método realmente genera frutos, porque es bien sabido que: "de deseos y buenas intenciones están llenos los panteones", a lo que me atrevería a agregar: "...pero solo de resultados están hechos los mausoleos más bonitos".

Así que, ya con la seguridad que me generaron mis propios resultados respecto a ingresos, tuve la confianza y el tiempo para sentarme una vez más a organizar mejor mis apuntes, entonces me surgió la idea de explorar las analogías más comunes con el manejo de objeciones, una de las más comunes que conozco es la lucha cuerpo a cuerpo, sea en la forma del box, judo o de las formas de lucha más novedosas como las artes marciales mixtas.

Precisamente, un muy interesante ejercicio surgió por la expectación que comparto con muchos jóvenes –y no tan jóvenes como yo- por las artes marciales mixtas, realmente es un deporte de altísimo grado de dificultad y aunque los instructores realmente capacitados en México son todavía tan escasos, afortunadamente, en mi ciudad existe un buen gimnasio que pertenece a unos asegurados míos y lleva ya treinta años entrenando a practicantes de artes marciales.

Tuve mucha suerte en verdad de contar con todo su apoyo cuando les platiqué a mis instructores la idea de probar las coincidencias entre la lucha cuerpo a cuerpo y el manejo de objeciones en los negocios. En verdad que la participación entusiasta de mi instructor de artes marciales me ha ayudado mucho a evaluar desde una perspectiva totalmente diferente el enfoque del manejo de las objeciones. Desde entonces hemos estado trabajando en desarrollar una clínica de ventas que permita a los vendedores más entusiastas -y de buen tono físico- vivir la experiencia en el gimnasio de trabajar -cuerpo a cuerpo- con el manejo de objeciones, espero completar pronto ese ciclo de entrenamiento para compartir nuestros hallazgos con mis colegas.

iv. Pero encontré que antes de empezar había que estar preparado

Si trabaja como Agente de Seguros o en cualquier otra actividad de ventas profesionales de la cual dependa su ingreso en forma directa, estará de acuerdo conmigo que escuchar una objeción es un momento crucial, tal vez el 80% de la decisión de compra se decida en los segundos que le sigan, si su cuenta bancaria personal se llena o se mantiene vacía, mucho tiene que ver con esos segundos cruciales en la toma de decisiones de nuestro cliente. Tomemos nuestros ejemplos:

Tabla 3 Objeciones de Ventas

1.0	"LOS SEGUROS SON PURAS MENTIRAS"	2.0	"CON EL REGRESO A CLASES VAMOS A TENER MUCHOS GASTOS"	3.0	"ANTES VOY A COMPRARLE UNA CASA A MI HIJO"

Aunque usted no sea agente de seguros, considere que sus ingresos están en juego al haber escuchado cualquiera de las objeciones listadas y responda con honestidad: ¿Qué siente cuando escucha una objeción?

Casi todos sentimos una reacción visceral, puede ser miedo, algunos se sienten un poco molestos por la resistencia. Esta reacción visceral es reconocida en la literatura médica como una respuesta inmediata del cuerpo humano a la liberación de adrenalina activando el estado de alerta inmediata, de furia o de disposición para la pelea o la huida. Lo que nos debe llamar la atención sobre la reacción visceral es que es muy común a todas las personas, además, se presenta en situaciones habituales del día, ante noticias que escuchamos o leemos, cuando escuchamos los disparates de algún político chupasangre o ante una discusión en el hogar o el trabajo y por supuesto ante la presencia de las objeciones de nuestros clientes.

En el ejemplo 1.0 (Los Seguros son puras mentiras) podríamos suponer que nuestro cliente ha tenido amargas experiencias antes con nuestro producto, nuestra compañía o productos o servicios similares, para nuestro asegurado tomar revancha es algo tan normal como para nosotros molestarnos por ser confundidos con auténticos delincuentes.

Este intercambio visceral no es necesariamente malo, tomándolo con un amplio criterio resulta hasta conveniente para nuestras aspiraciones de cerrar una venta, como decimos en mi pueblo: "Más vale una colorida que cien descoloridas"

Cuando se trata de entender a la reacción visceral, en el contexto de las ventas profesionales, se puede suponer acompañada de una explosión creativa en el cerebro del vendedor profesional, se dispara una lluvia de ideas relacionadas emocionalmente con la objeción sobrecargada de sorpresa, temor, intuición, desdén, etc.

¿Qué siente al escuchar una objeción?

En muchas ocasiones, las ideas que se disparan como resultado de la reacción visceral suelen ser sarcásticas o irónicas, acotando al sarcasmo como una burla mordaz para mostrar desacuerdo o desagrado, mientras que la ironía es una forma con la que damos a entender lo contrario de lo que decimos.

Además, tengo entendido que se ha calificado al sarcasmo como «La forma más baja de humor pero la más alta expresión de ingenio» y la ironía se puede entender como un «disfraz» para disimular el verdadero significado de nuestras palabras, ambas formas son muy valiosas para utilizarlas como la mejor materia prima para contrarrestar a la objeción y utilizarla a nuestro favor.

De hecho, no deberíamos tener problemas en reconocer nuestras propias respuestas sarcásticas o irónicas en situaciones cotidianas, recuérdese a usted mismo en alguna situación en que ha atrapado a alguien peleando con actitud prepotente en una situación pública inapropiada, digamos, reclamándole airadamente a algún empleado de Valet Parking, no se le antoja pensar para sí mismo expresiones como: "¡Qué educado!", "¡Todo un caballero!", etc.

Esas son precisamente las reacciones que estamos buscando aprovechar durante la negociación, ¿Para qué desecharlas si les podemos sacar provecho?

Las siguientes dos definiciones de sarcasmo que me encantan y explican en muy buena manera lo que en materia de manejo de objeciones intento abordar a lo largo del método 5SA:

"El sarcasmo apunta como una espada al centro de la persona." (García-García, 2011)

"«La burla sarcástica es la acción tendiente a restar o negar el valor de una persona o de una situación»" (García-García, 2011)

¿Qué piensa al escuchar una objeción?

La mayoría de las personas que incursionan como vendedores profesionales por necesidad más que por gusto, normalmente reconocen no haber nacido para las ventas y resulta una característica bastante común la represión sistemática de sus reacciones viscerales durante la entrevista de ventas.

La mayor pérdida se genera con la represión de la lluvia de ideas sobrecargadas de emoción, es decir, su condición natural de inseguridad al incursionar como nuevos vendedores paraliza la producción de ideas creativas bloqueando de hecho su capacidad de negociación, quizás se trate de un acto de buena educación, de buena actitud cívica, pero en estos reprimidos emocionales generalmente queda bloqueada la lluvia de ideas viscerales.

Ocurre lo diametralmente opuesto con los grandes maestros de la negociación, esos que se llevan todos los premios y ven sus carteras de clientes rebosar de felicidad, ya que precisamente una de las mayores ventajas competitivas de los vendedores "natos", esos tipos que parecen haber nacido vendedores, es que siempre parecen estar listos para triunfar en negociaciones complicadas y capitalizar la instantánea producción de ideas en la negociación.

Estos magos han aprendido a sacar del sombrero la idea que convence a su cliente, en lugar de bloquearse creativamente parecen lograr su clímax en el cierre de negocios precisamente durante el manejo de objeciones, de algún modo muchos de estos genios sin entrenamiento previo parecen traer programado un chip de fábrica con la forma de asimilar y canalizar estas explosiones de ideas sobrecargadas emocionalmente para proyectarlas en su lenguaje verbal y no verbal, dando forma y fondo a sus argumentos.

Si en cambio usted es "de los míos" y se considera un vendedor "hecho" a base de esfuerzo, quizás intuitivamente haya notado esta conexión emocional en los vendedores profesionales que admira, estoy seguro que de un modo u otro le agradará saber que esta ventaja competitiva se puede cultivar con suficiente práctica.

Antes de aventurarse, en el camino deben presentarse condiciones mínimas de seguridad para que rodear la objeción sea posible, no debe tomarse un camino que arriesgue la integridad física y que sobre todo realmente lleve al lugar de destino, esto, trasladado al manejo de objeciones quiere decir que debe ser factible que exista un cierre posible tras sortear la objeción, ¿Para qué pelear por una meta estéril? ¡El esfuerzo debe valer la pena!

El mejor ejemplo de esta clase de esfuerzo heroico pero inútil lo tenemos en la teleserie de los 70´s los "dukes de hazzard"[2] , en que el "General Lee" realizaba espectaculares y acrobáticos saltos de "puentes rotos"; en el terreno de las ventas profesionales imagínese esto como tratar de imitar a los "chicos dukes" brincando inmensos puentes rotos, parece emocionante, pero en la vida real los resultados son muchos huesos rotos y un automóvil inservible.

Nuestros puentes rotos son objeciones insalvables que en las ventas de seguros usualmente suenan como: "Me acaban de detectar cáncer" o quizás "Trabajo como mafioso", que en automático nos debería disparar a preguntar por nuevos referidos o en busca de la salida de emergencia más cercana.

Otra forma de puente roto es el insulto directo hacia el vendedor, que en escasas ocasiones se llega a presentar como parte de una explosión de cólera por parte de nuestro cliente debido a variadísimas circunstancias personales, familiares o de negocios, en este caso la prudencia del agente de ventas significará intentar tener otro acercamiento en un momento posterior o abandonar por completo el proyecto de ventas.

En realidad, las objeciones a las que el modelo mental 5SA se refiere son aquellas que se presentan con mayor frecuencia y parecen baches, desviaciones o topes en nuestro camino, y ningún vendedor profesional debe especializarse en brincar "puentes rotos" a menos que sea muy valiente o muy pasmado –o una desafortunada

---

[2] Los Dukes de Hazzard es una serie de televisión de Estados Unidos emitida originalmente entre 1979 y 1985. Esta serie fue creada por Gy Waldron y cuenta la historia de Bo y Luke Duke, 2 primos que luchan contra la injusticia en el condado de Hazzard, "encabezada" por el corrupto comisionado Jefferson Davis "Boss" Hogg y su mano derecha, el comisario Rosco P. Coltrane.

combinación de ambos- mientras que las objeciones comunes no son insalvables ni requieren de algún talento especial para verlas venir, son simples en su fondo aunque su forma tome diferentes apariencias.

De hecho, la asertividad del método 5SA radica precisamente en que conectamos dentro de nuestro cerebro de vendedor "el fondo con la forma" de una manera muy humana, usando la reacción visceral para encontrar el camino para eludir la objeción, solo recuerde: ¿Cuántas veces no le han lanzado a la cara una objeción que lo ha hecho sentir molesto? ¿Alguna vez ha pensado que su prospecto es un desalmado o un amoral? ¿Acaso no se ha quedado nunca con la quijada trabada por no poder responder lo que realmente quería?

Ahora, recuerde lo que su "diálogo interno" le gritaba que contestara en ese momento, ¿Era algo irónico o sarcástico? ¿Por qué no lo expresó? ¿No sintió ganas de regresar el insulto a su cliente? ¿Por qué no lo hizo?

Déjeme proponerle una hipótesis al respecto para conectar el fondo con la forma de nuestra respuesta: "La mayoría de los vendedores profesionales estamos tan acostumbrados a reprimir nuestros sentimientos frente a un prospecto que terminamos actuando en forma mecánica" y cuando me refiero a actuar mecánicamente, es precisamente a recurrir a los mismos "clichés" que han venido pasando de generación en generación, respuestas carentes de fondo emocional dentro de nuestro muy personal contexto histórico y social que nos toca vivir el día de hoy.

El 5SA le dejará sacar sus emociones a flote, sin arriesgarse a perder un cliente por rudeza innecesaria, es más, se trata de transmitirle a su cliente la emoción visceral que usted experimenta al escuchar la objeción a través de una respuesta bien pensada, coherente y asertiva, que su prospecto pueda asimilar en forma emocional.

A final de cuentas lo que un vendedor quiere es precisamente transmitir la emoción de comprar, dicho diferente, lo que quiero es que mi cliente vea a través de mis ojos y experimente a través de mi testimonio las bondades de mi producto, entendiendo que es imposible hacerlo comprar algo que realmente no quiere comprar y que desafortunadamente no hay métodos infalibles, sin embargo, podemos dejar escapar menos oportunidades en el camino desarrollando una metodología exitosa.

Otro beneficio muy importante de practicar el 5SA radicará en soportar menos acidez estomacal después de cada cita de negocios, si encuentra usted la manera de liberar la tensión nerviosa generada por lidiar con objeciones impensables y encausarla para que le genere cierres de negocios, muy seguramente la tensión nerviosa del momento sea menos difícil de disipar, en este sentido es una fórmula preventiva mejor que los remedios antiacidez.

Lo mejor sobre trabajar especializándonos en derribar las objeciones comunes radica precisamente en que el tiempo dedicado a esta actividad impacta de forma real en los resultados de ventas al final del año, es decir, desprenderse de tiempo improductivo dedicado a administrar, diseñar propaganda o elaboradas presentaciones multimedia, para dedicarlo al estudio y preparación de respuestas adecuadas a cada objeción común representa tiempo súper productivo.

Por ejemplo, durante una presentación de ventas de seguros es especialmente difícil que un cliente nos atiborre con preguntas técnicas sobre los planes o sobre la compañía, pero resulta muy común que el mismo cliente se defienda como "gato boca arriba" utilizando las objeciones contra la idea de estar asegurado que aprendió de sus padres, de sus amigos, de su contador o su abogado… casi todos los clientes que visitamos se saben las mismas, aunque siempre habrá alguno que logre sorprendernos con objeciones que jamás habíamos escuchado.

Entonces, habiendo detectado la inexistencia de un "puente roto" durante la exposición de la objeción por parte de su cliente, también hay que tener en cuenta que no todas las preguntas o afirmaciones que un cliente dispara tienen el propósito de descarrilar su cierre de ventas, hay que estar consciente que un cliente puede tener dudas genuinas y lo que exponga puede tratarse no de una objeción, sino solamente de una duda razonable, en cuyo caso no hay necesidad de andarse con rodeos para darle una respuesta rápida y asertiva, si un cliente le pregunta si el plan se puede pagar a través de tarjeta de crédito, no hay necesidad de marear a nuestro cliente con una cátedra en las formas de pago que existen en la compañía, en la mayoría de los casos un "Sí se puede" debería ser más que suficiente.

La diferencia entre dudas razonables y objeciones también puede ser muy simple de detectar ya que las objeciones que tanto dolor de cabeza nos producen usualmente no van dirigidas hacia el producto, la compañía o hacia el agente de ventas, es decir, una objeción casi siempre toma la forma de una "coartada" para poder descarrilar su plática de ventas, por ejemplo: ¡No soy buen cliente!, ¡No me interesa en este momento!, ¡Tengo que consultarlo para tomar una decisión! Y tantas objeciones comunes que requieren tener bien estudiado el camino para utilizar esa misma objeción como palanca para mover a nuestro cliente hacia un cierre de ventas.

Debo reconocer que la parte que requiere mayor preparación y ejercicio es precisamente la que ocurre justo al momento de escuchar una objeción, a veces pareciera que los agentes de ventas veteranos ya hemos escuchado todas las objeciones existentes, y sin embargo, siempre habrá alguien con mucha creatividad como para inventarse una más novedosa.

Sarcástico e Irónico

Precisamente, esa creatividad debe ser asimilada con tiempo y práctica por parte del vendedor, no se trata de una tarea imposible pero requiere la actitud de escuchar bidireccionalmente, en esto de escuchar a su cliente, pero lo prioritario es aprender a escucharse a sí mismo en ese intrincado diálogo interno, lograr escucharse a sí mismo le permitirá ser bastante creativo y proactivo en el diseño planeado -y también al vapor- de sus respuestas con el método 5SA, ¿por qué es esto relevante? Porque usualmente su "diálogo interior" le responde sin filtros a la objeción de su cliente, por ejemplo, si usted sabe que su prospecto es un hombre muy adinerado y la objeción es algo así como:

Tabla 4 Objeción 2.0

2.0	"CON EL REGRESO A CLASES VAMOS A TENER MUCHOS GASTOS"

Lo más probable es que su diálogo interno ya le esté disparando respuestas "sin filtrar" como: "¿Les vas a pagar la colegiatura o les vas a comprar la escuela?", "¿Pues qué estudian en Europa?", "¡Ni que pagaras la anualidad completa!", o muy probablemente su diálogo interno le grite respuestas menos educadas que por recato omitiré. Esos dos o tres relámpagos disparados sin filtro por su cerebro, resultan ser la materia prima ideal para armar la mejor respuesta que se puede integrar por el 5SA.

¿Reconoce la frase: "Le hubiera contestado de tal modo"?

Las respuestas "sin filtro" que se disparan en nuestro cerebro tras escuchar una objeción como la del ejemplo 2.0, suelen estar cargadas de una tremenda emoción, son viscerales, rudas, crudas, realistas, directas y generalmente inconfesables tal cual las pensamos, a menos que estemos listos para que nuestro prospecto nos mande a volar con nuestra entrevista, precisamente por eso las reprimimos, porque no tienen filtro, porque tal cual no se pueden decir si seriamente se quiere llegar a cerrar un trato de negocios, pero resulta que son respuestas valiosas y generalmente son la clase de frases que utilizamos después de la entrevista, al contar la anécdota del día en la forma de: "me dieron unas ganas de decirle que…", o "Me contuve, pero le hubiera dicho que…"

Y es que cruda y llana es la respuesta que realmente queríamos decirle a nuestro ex cliente, que no nos firmó nuestro ex contrato y del cual vamos a extrañar nuestras ex comisiones, pero que en muchos sentidos se trataba del argumento perfecto, de la razón por la que mi propuesta debió ser aceptada, aunque normalmente termina en el olvido por ser inoperante desde el punto de vista de las buenas costumbres, de la "etiqueta" de ventas tradicional.

Para colmo de males, la mayoría de los cursos de ventas desincentivan en sus estudiantes novatos el uso de respuestas "sin filtro" por considerarse una manera fácil de "engancharse" en una pelea improductiva con sus clientes, así que normalmente los vendedores veteranos llevamos años de adoctrinamiento y fidelidad a las respuestas "cliches", que casi sin excepciones terminan siendo la salida fácil de cualquier instructor de colmillos largos, y la forma más común de enseñarlas es: "si te dice X le contestas Y".

Pues lo que resulta indeseable para un curso de ventas tradicional es oro molido en el método 5SA, pues las respuestas "sin flitro" tienen elementos muy valiosos que resultan la veta perfecta de creatividad que se puede aplicar durante el proceso de creación de respuestas originales: El Sarcasmo y la Ironía.

La forma en que el sarcasmo y la ironía hacen pareja, es equivalente a lo que en la literatura clásica ocurre con personajes como el Sr.

Jekilyn y Mr. Hide, o Don Quijote y Sancho Panza, o lo que en las teleseries policiacas se conoce durante los interrogatorios de sospechosos como los roles del policía malo y el policía bueno, se trata de personajes complementarios que juntos producen obras maestras, precisamente del mismo modo una respuesta totalmente visceral y reactiva se puede combinar con un proceso científico y proactivo, donde haga fluir en forma ordenada las respuestas "sin filtro" disparadas por sus reacciones viscerales a través de un proceso dinámico y divertido que lo hará sentirse más seguro de sus resultados futuros y sin duda podrá cerrar mejores negocios.

En nuestro método 5SA la forma en que ambas expresiones se complementan está claramente delimitada a continuación:

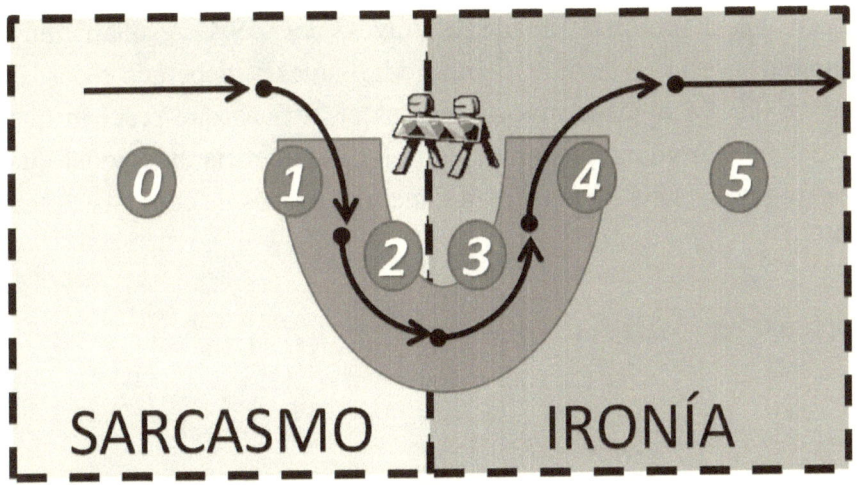

Ilustración 5 Del sarcasmo a la ironía en el modelo 5SA

Desde nuestro enfoque de ventas, claramente la ironía se sirve del sarcasmo, tal como el policía bueno del malo, el sarcasmo hace el trabajo sucio mientras que la ironía finaliza la tarea.

En mi opinión, los vendedores apenas hemos empezamos a descubrir el enorme potencial que tiene aprender a escucharnos a nosotros mismos y rescatar las respuestas "sin filtro", porque saber encausar toda esa vitalidad es como poner una presa en un caudaloso río, toda esa energía potencial puede ser utilizada, tal como la enorme carga emocional que guardan nuestros disparos viscerales, son respuestas de alto voltaje salidas desde muy profundo en las entrañas.

En ocasiones, será el fondo y en otras la forma lo que logre el cierre de ventas, es decir, en muchas ocasiones una respuesta visceral será efectiva por haberla adaptado bien al método 5SA aunque el argumento realmente no sea tan sólido, en otras ocasiones, nuestros argumentos serán tan claros, que aún estando pobremente adaptados al método 5SA ofrecerán buenos resultados en los cierres de negocios.

Precisamente, esas respuestas de alto contenido emocional que fluyen hacia nuestro cliente a través del 5SA resultan muy conmovedoras y al mismo tiempo desafiantes y debemos recordar que existen ya muchas investigaciones científicas que prueban que las personas usamos mucho más nuestra inteligencia emocional que nuestra inteligencia racional para tomar decisiones de compra.

CUARTA PAUTA FILOSÓFICA: ¡Use el sarcasmo e ironía como fuente de creatividad!

Al respecto, tal vez le parezca de muy mal gusto desarrollar su agilidad sarcástica o irónica, pero déjeme darle buenos elementos para que usted reconsidere mi propuesta. Le sugiero que lea de nuevo los libros sobre ventas que más le han gustado en su vida, solo que ahora le voy a pedir que a los ejemplos de manejo de objeciones que encuentre les ponga el filtro del sarcasmo y la ironía, revíselos con detenimiento y va a empezar a notar que muchos de los mejores trucos para responder objeciones de los clientes son chistes y pícaras respuestas sarcásticas o irónicas, muy originales y útiles que los autores han venido desarrollando con los años y que claman utilizar frente a sus clientes con bastante éxito.

v. **Y empezar sutilmente con el manejo de la objeción: EVASIÓN**

Para emprender el primer paso en la creación de respuestas efectivas contra las objeciones de nuestros clientes, debemos mantener en nuestro análisis un marco de referencia válido y aceptado por la mayoría de los vendedores profesionales en el mundo, este marco de referencia nos lo otorga el modelo de ventas AIDA (Atención, Interés, Deseo y Acción) propuesto por E. St. Elmo Lewis a finales del siglo XIX.

En el contexto del modelo AIDA el manejo de objeciones se presenta generalmente como un proceso accesorio o comodín, que puede insertarse en medio de cualquiera de los eslabones del modelo AIDA, digamos entre la Atención y el interés o entre el deseo y la acción, principalmente porque la mente humana tiene múltiples formas de expresar quejas, rechazos u objeciones, tales argumentos contra la oferta de un vendedor profesional casi siempre toman las mismas raíces que son reconocibles para aquellos acostumbrados a enfrentarnos a clientes potenciales todos los días.

¡Gracias a las objeciones por existir!

Hace algunos años vi un excelente documental sobre la vida salvaje en el que enseñaban a cazar a un par de cheetas en cautiverio, era muy divertido ver como ante la inmovilidad de la presa, el joven gato quedaba desconcertado sin saber cómo atrapar su cena, tras un momento de desconcierto, la presa decide huir y el instinto del gato explota en una persecución que termina con un festín. Muchos vendedores profesionales experimentados sentimos el mismo descontrol ante la pasividad de un prospecto, la costumbre de ir tras la presa dificulta una negociación de ventas en la que no se presente ni siquiera una objeción, diría que hasta resultan negociaciones muy incomodas.

Precisamente por eso se ha realizado un gran esfuerzo para entender y catalogar a las objeciones y aún falta mucho trabajo duro en este sentido, ya que se trata de parte de la verdadera materia prima de una venta de cualquier producto o servicio. También es cierto que una venta sin objeciones no es más que un ejercicio de compra por parte del cliente en el que el vendedor profesional reduce su participación al mínimo y queda limitada su labor de asesoría profesional al simple ejercicio de no arruinar el proceso de compra de su cliente.

Quizás en la ausencia de objeciones se genere una completa metamorfosis en el proceso de la venta, cambiando por completo los roles del cliente y el vendedor, poniendo al cliente en un rol de comprador y orillando al vendedor hacia un rol de discriminador de la propuesta de compra, en cuyo caso, su papel de facilitador se corrompe dejándolo en una postura incómoda y mezquina.

Este efecto se hace evidente durante los grandes lanzamientos de *gadgets* tecnológicos en que los compradores se agolpan frente a las puertas de las tiendas y el papel de los vendedores se transforma por el de guardias de seguridad limitados a indicar el camino para evitar que la multitud rompa los cristales de los aparadores.

Cabe señalar que las objeciones son el principal generador de ingresos para los vendedores profesionales, a mayor resistencia cultural y/o económica para adquirir mi producto o servicio, mayores serán las comisiones que las empresas productoras tendrán que asignar al éxito de ventas, así pues sirvan estas líneas para dar gracias encarecidas y sinceras a las objeciones que nos mantienen con el trabajo más seguro del planeta: VENDEDOR PROFESIONAL.

En este contexto insertaremos el primer paso del método 5SA que resulta muy elemental; sin embargo, este trazo tipo desviación debe ser interpretado correctamente en nuestro mapa mental creado para manejar las objeciones y consiste en no "estrellarse" con la objeción, lo que significa que se debe iniciar el rodeo de la obstrucción, tratando de evitar golpearlo y tomar la desviación hacia la ruta alterna elegida.

Para trasladar esta instrucción al modelo mental 5SA debemos recordar que la objeción no debe ponernos en contra de nuestro cliente, y no debemos atacar directamente la objeción sin importar que tan ridícula o insignificante parezca, recuerde que hasta un pinchazo en una llanta lo detendría de llegar a tiempo a una cita de negocios, así mismo, una confrontación directa con su cliente puede descarrilarlo peligrosamente de su camino al cierre.

Resulta pues la etapa de EVASIÓN muy sencilla porque es la única que se rescata prácticamente intacta de cualquier curso sobre objeciones que usted haya tomado antes, es donde intentamos mantener la empatía con nuestro cliente y no lastimar sus sentimientos, es algo que debe mantenerse a lo largo y ancho de la negociación, una entrevista apática es infructuosa, tal vez ganes una discusión pero sin duda perderás un cliente.

Revisemos nuestros ejemplos:

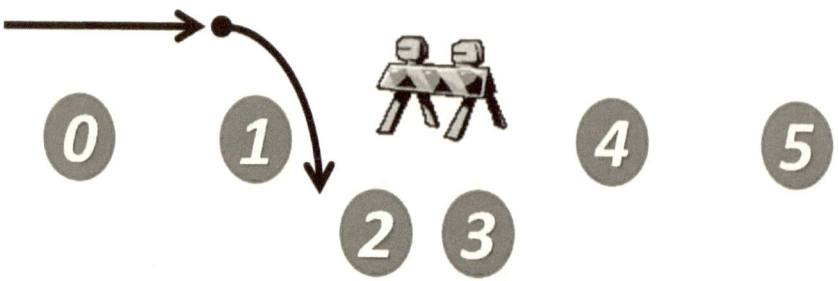

Ilustración 6 primer paso del 5SA

Es muy emocionante buscar la solución a los problemas, sobre todo cuando se ha pasado un largo camino intentando cosas nuevas, es precisamente esta emoción la que debe impulsarnos a pasar a través de las objeciones. La actitud de cierre, el controlar el tiempo de respuesta y el paso del sarcasmo a la ironía empiezan todos con este primer paso, empezar bien y hacerlo inmediatamente después de reconocer la objeción en nuestro diálogo interno, nos debe llevar al mapa mental de la ilustración 6, un camino claro para rebatir la objeción de nuestro cliente.

Tabla 5 Dando inicio al rodeo de la objeción

1.0	LOS SEGUROS SON PURAS MENTIRAS	2.0	CON EL REGRESO A CLASES VAMOS A TENER MUCHOS GASTOS	3.0	ANTES VOY A COMPRARLE UNA CASA A MI HIJO
1.1	Comprendo muy bien su decepción…	2.1	¡Es cierto! Esta época del año es complicadísima…	3.1	¡En verdad lo felicito!

Sarcástico e Irónico

¿Algún problema con esta etapa?

En realidad es simple porque es cordial, amable, condescendiente, lo que me recuerda la definición original de verbos afines: EVADIR, EVITAR, ESQUIVAR, ELUDIR, CONDESCENDER. Nos compra tiempo para inferir en los sentimientos de nuestro cliente haciendo parecer que estamos conformes con su decisión, después de todo nuestro cliente es quien manda y por el momento le concedemos ese privilegio.

Antes de seguir adelante, note que en los tres ejemplos: 1.1, 2.1, 3.1 se asoma ya uno de las herramientas que estaremos utilizando con mucha insistencia: EL SARCASMO. Tenga siempre presente que no se trata de un sarcasmo dirigido a nuestro cliente, está dirigido a la objeción, siempre dirija su diálogo interno sarcástico hacia la objeción, de este modo evitará ofender a su cliente aún cuando el resultado de su respuesta tenga un tono humorístico e incluso picaresco.

Veamos por ejemplo el 3.0, ¿Qué tipo? No va a comprarme a mí por comprarle una casa al zángano de su hijo, claro su bebé de 40 años seguramente está en el umbral de un futuro profesional prometedor. Además, ¿Para qué quiere una casa ese mantenido?, seguramente el muy patán prefiere seguir viviendo en casa de sus papitos para tener quien le lave sus calzones y le haga la comida. ¿Así o más sarcástico?

¿Y cuál es mi respuesta 3.1? ¡Felicidades! ¿Felicidades? Sí, felicidades porque cuando su hijo se vaya a hacer sus pachangas y desmanes a su nueva casa a lo mejor se sacuda un poco a ese parásito. ¡Ouch! Eso sí resultó bastante más sarcástico ¿Usted qué opina? Note que este tipo de comentarios y reclamos suceden casi siempre en la intimidad de nuestro diálogo interno, por supuesto, casi siempre después de perder la venta; Ni siquiera si un posible cliente resulta ser un familiar de mucha confianza podríamos sacar "sin filtrar" este tipo de razonamientos, sin embargo, puesto en forma súper positiva mantiene la emoción visceral sin dinamitar la negociación.

vi. **Para llegar con la mente atenta al segundo paso: ABSORCIÓN**

¿Recuerda la definición de verbos afines? Son AMPLIFICAR, INFLAR, AMPLIAR, EXAGERAR, EXHORBITAR, ENCARECER, DRAMATIZAR. Es muy importante concretar este segundo paso de la forma más SARCÁSTICA que le sea posible, en realidad no debe limitarse a poner en sus propias palabras la objeción de su cliente, se trata de exponerla en forma dramática, debe sonar exagerada, es equivalente a inflar un globo de hule en exceso y llevar el inflado hasta un punto crítico en que cualquier rozón con las manos pueda hacerlo estallar.

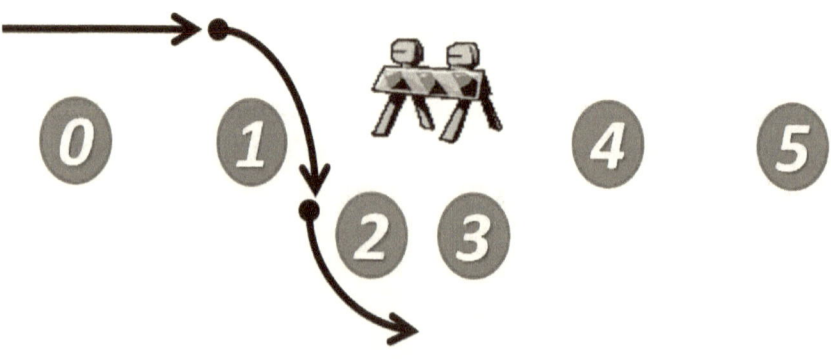

Ilustración 7 Es momento del sarcasmo: Amplificar, Inflar, Ampliar, Exagerar, etc.

Sarcástico e Irónico

Uno de los productos que buscamos en la segunda etapa es impactar el ánimo de nuestro cliente, hacerle saber que escuchamos atentamente y entendemos sus razones para posponer o descartar nuestra oferta, es como complementar una idea incompleta. Tal vez le ha pasado que durante una amena conversación con su esposa o con amistades muy cercanas, se da con mucha frecuencia este efecto, durante la plática alguien dice: "me siento..." y alguien más complementa: "...¡Feliz!", así debe funcionar el mensaje que transmitamos con este paso, en realidad vamos a complementar y ampliar la objeción de nuestro cliente.

Tabla 6 El dulce sabor del sarcasmo en la segunda etapa del 5SA

1.0	LOS SEGUROS SON PURAS MENTIRAS	2.0	CON EL REGRESO A CLASES VAMOS A TENER MUCHOS GASTOS	3.0	ANTES VOY A COMPRARLE UNA CASA A MI HIJO
1.2	Porque está comprobado que un 12% de los agentes de seguros mal informan para poder vender, haciendo parecer que todos los seguros, aseguradoras y agentes somos unos mentirosos, lo peor es que ese 12% de gente mentirosa también existe entre banqueros, médicos, abogados o arquitectos, es más, existe en la humanidad misma...	2.2	Entre los gustitos vacacionales y los gastitos escolares, se le hacen hoyos a la cartera...	3.2	Ya que está en el mejor momento para adquirir patrimonio que genere una renta segura para su hijo... sobre todo tratándose de una inversión que le dure toda su vida...

Realmente es muy complicado luchar contra una objeción tan destructiva como la falta de confianza del ejemplo 1.0, sobre todo si usted sabe que su producto o servicio depende de la misma variable inestable de cualquier otro producto o servicio en el mercado: la gente.

En realidad suele relacionarse la marca con la actuación buena o mala de un solo empleado o prestador del servicio, por eso, resulta tan variable con el tiempo la percepción que se tiene sobre una marca en particular.

En el caso de las aseguradoras la percepción de buen servicio (o mal servicio) siempre está ligado a la buena o mala actuación de un solo empleado o prestador de servicios de la compañía aseguradora, realmente nadie se salva en este sentido, casi todas las aseguradoras pasan por rachas positivas y negativas en la percepción de calidad en el servicio por parte de los asegurados.

Es fácil imaginarse que la mayoría de las empresas del mundo, independientemente de su giro, pasan por malas rachas en la percepción de la calidad de sus productos o servicios, estos ciclos negativos se dan de vez en cuando y son inherentes al factor humano.

Existen las marcas de automóviles que han tenido que retirar miles de vehículos de las calles para corregir graves errores en las especificaciones de sus unidades, hay ejemplos de compañías jugueteras que se ven involucradas en escándalos internacionales por utilizar insumos peligrosos para la salud de los niños.

Por supuesto, existen casos en que aseguradoras o bancos son demandados por cantidades multimillonarias por incumplimiento de contratos y la cuenta puede seguir hasta el infinito, sin embargo, la economía no se detiene y los clientes no dejan de consumir productos o servicios, la vida sigue con la esperanza de que los problemas no se presenten con tanta frecuencia.

Precisamente, dar por sentado que un buen servicio nunca se termina de consolidar es parte de la actitud positiva que nos permite seguir alertas ante cualquier eventualidad. En mi experiencia como agente experto en seguros personales he podido asesorar a muchos asegurados que se enfrentan con la mala percepción en el servicio de la aseguradora, para ser honesto, esta mala percepción no siempre resulta justa sobre el servicio que realmente les brinda una póliza de seguros, en muchas ocasiones las expectativas sobre el contrato de seguros es desproporcionado con respecto a los servicios realmente contratados.

Quizás el seguro de automóviles sea el ramo donde mayores conflictos por mala percepción en el servicio se generen en México, al respecto he podido comprobar que: "La mala percepción de servicio de una póliza de seguros es inversamente proporcional al monto del beneficio reclamado".

Con lo anterior me refiero a que en indemnizaciones pequeñas siempre mis asegurados se quejan más por percibir que la cantidad de tiempo y trámites que se lleva son excesivos, mientras que en siniestros donde se reclaman pérdidas catastróficas un tiempo de respuesta mucho mayor les parece muy razonable, a esto deben referirse aquellos que afirman que el tiempo es relativo.

Una vez asimilado que un vendedor profesional se enfrentará muchas veces en su carrera con una mala percepción por parte de los clientes hacia la empresa que representa, lo mejor es evaluar objetivamente que podemos hacer es enfrentarnos a la objeción en forma ecuánime.

El tipo de objeciones como el 1.0 no deben de espantarlo demasiado porque ninguna empresa es perfecta en realidad. Después de todo, en buena medida la mala percepción de calidad será reforzada o cambiada por su buena actuación de este momento hacia el futuro.

¿Para qué pelear con la objeción si podemos jugar con ella?

En el paso 1.2 tenemos claro el encarecimiento de la objeción, tal pareciera que es el vendedor quien a través del sarcasmo trata de convencer a su cliente de no contratar un plan de seguros, quizás es la intensidad de la objeción la que obliga a reaccionar con mucha más energía.

Tabla 7 Entre más grave la objeción mayor el esfuerzo sarcástico

1.2	Porque está comprobado que un 12% de los agentes de seguros mal informan para poder vender, haciendo parecer que todos los seguros, aseguradoras y agentes somos unos mentirosos, lo peor es que ese 12% de gente mentirosa también existe entre banqueros, médicos, abogados o arquitectos, es más, existe en la humanidad misma...

Si usted realmente es alguien que se respeta así mismo como vendedor profesional seguramente ya logró o está en el camino de lograr la consolidación de una verdadera estructura empresarial que le permita cubrir los aspectos importantes de su labor como intermediario ante sus clientes.

Lo anterior significa que ha podido salir avante de más de un problema con sus clientes generado por el producto o servicio que ofrece, incluso provocado por su propia estructura de ventas, considerando que nadie es perfecto no debería ser un tabú reconocer que cualquier vendedor profesional se verá en la necesidad de pelear por sus clientes ante problemas de calidad al menos alguna vez en su carrera.

Por eso, el paso 1.2 hace evidente que negar que su compañía comete errores es una batalla perdida, es mejor explotar esta triste realidad como aliada, porque si usted representa a una gran compañía en un ambiente empresarial muy competido, estará de acuerdo conmigo que ninguna compañía se encuentra a salvo de errores, ese enfoque ampliado le permite ofrecerle a su cliente un punto de vista más humano, más realista de lo que realmente ocurre con los productos y servicios.

Además, le recuerdo que sea cual sea la objeción ampliar y complementar la objeción es la meta, no pelearse con ella, tampoco contradecir a nuestro cliente.

¿Qué nuevas formas de exacerbar la objeción 1.0 se le ocurren?

Este es muy buen momento de garabatear en sus propios apuntes esas ideas olvidadas, esos "le hubiera dicho tal o cual cosa" porque muy probablemente descubra el fondo sarcástico que necesita.

Dedicarse a leer este libro solamente resulta inútil para su negocio sin dedicar tiempo a explorar distintas formas de abordar objeciones tan graves como la 1.0, con su grupo de trabajo o en solitario hay que esforzarse por encontrar nuevas ideas para atacar esta misma objeción, no es tarea sencilla, busque en revistas, periódicos o páginas de internet las nuevas ideas que le hacen falta para sumar ceros a su estado de cuenta bancario.

Entiendo que si usted no es tan aficionado al sarcasmo posiblemente no va a ser fácil lograr que sin preparación alguna consiga articular una respuesta del tipo 5SA en forma improvisada, precisamente por eso debe trabajar arduamente en desarrollar su propio objecionario de ventas, adaptando las respuestas clásicas a su propio contexto personal, atrévase a sentirse cómodo siendo creativo en esta labor tan productiva de manejar profesionalmente las objeciones de ventas.

Lo más importante es nunca perder de vista que la segunda etapa del 5SA tiene como objetivo exacerbar la objeción, esto es una forma de sarcasmo porque hacemos que la objeción parezca más grave de lo que realmente es, este gigantismo inducido no la hace más fuerte, solo más grande, es como añadirle pisos a un edificio sin fortalecer sus cimientos, caerá por su propia debilidad estructural.

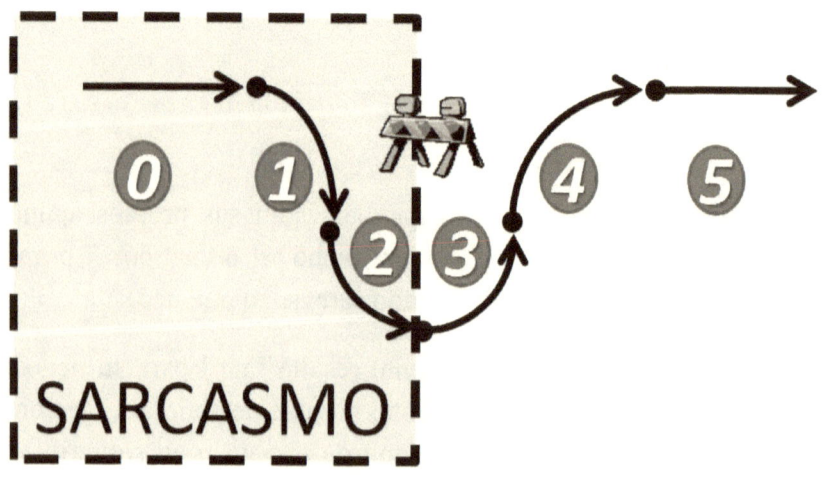

Ilustración 8 La frontera del sarcasmo

Por otro lado, el ejemplo 2.0 nos muestra el típico caso del cliente que no quiso comprarnos o ni siquiera quiso agendar la cita de negocios antes de las vacaciones, ¿le parece conocida la escena?, tardamos todo el verano para poder tener la oportunidad de verlo y su respuesta es que ahora tampoco se puede hacer nada porque se le va a complicar su presupuesto con los gastos del regreso a clases, ¡caramba!, ¿le ha pasado?, ¿Qué le dan ganas de decir? A menos que usted tenga atole en la sangre, seguramente tiene ganas de decir dos o tres linduras, ¿verdad? Pues el objetivo de la etapa 2.2 es que no se las deje guardadas y le de escape a esa angustia.

Dependiendo del tono de la objeción, articular la etapa 2.2 nos puede animar a explorar las fronteras más agresivas del sarcasmo, una de estas fronteras es la sátira: "Cuando el sarcasmo ataca a la hipocresía social se convierte en humor reformador o sátira. El satírico suele utilizar tanto el ataque directo como el insulto; en todo caso ridiculizará mediante la caricaturización o exageración los vicios y torpezas humanas."(García-García, 2011)

Sin embargo, aún cuando se mantenga la mira del sarcasmo en la objeción –no en el cliente- el tono ácido de la sátira puede ser arriesgado y debería utilizarse con muchas precauciones.

Tabla 8 Haciendo evidente el círculo vicioso del deudor

2.0	CON EL REGRESO A CLASES VAMOS A TENER MUCHOS GASTOS	
2.2	Entre los gustitos vacacionales y los gastitos escolares, se le hacen hoyos a la cartera…	

En este ejemplo 2.2 realmente tratamos de "darle por su lado" a nuestro cliente, precisamente porque absorber la idea del alto costo de la vida, de lo complicado que es estar preparado para cumplir con los compromisos educativos en realidad ayuda muchísimo a sensibilizar a nuestro cliente sobre lo delicado del equilibrio económico familiar.

vii. **Y develar con fuerza la verdad a tu cliente en el tercer paso: QUIEBRE**

Como en cada etapa, existen verbos que pueden darnos una mejor comprensión de la meta que vamos a lograr, en este caso los verbos son: REFUTAR, DESTRUIR, DESMANTELAR, DESMORONAR, DINAMITAR, ESTERILIZAR.

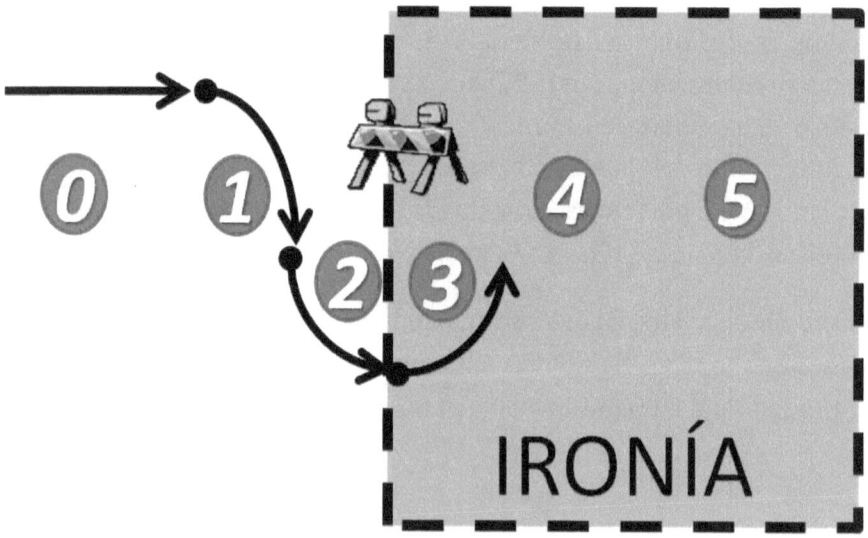

Ilustración 9 Entrando a la tierra de la ironía

El recuadro muestra claramente como en esta tercera etapa inicia realmente el regreso al camino del cierre de negocios, entramos en el terreno de la ironía y con ello se acaban las sutilezas, de acuerdo con nuestra primera pauta filosófica solo tenemos 60 segundos para completar una oración que exprese con claridad nuestro dialogo interno respecto de la objeción, y definitivamente la ironía cumple el propósito cabalmente.

Bien vale la pena recordar que debemos utilizar el tono irónico respecto de la objeción no del cliente, no debe confundirse nuestra necesidad de ser sinceros con nuestro impulso de ser groseros, si acaso quiere ser irrespetuoso hágalo contra la objeción, concéntrese en desacreditarla por completo, sea filoso y asertivo, pero nunca cruce la línea de la descalificación contra su interlocutor.

¿Es usted un manipulador?

Es bien sabido que la mejor forma de manipular las decisiones de una persona es hacerle creer que una idea es suya, al menos compartida, en este sentido la palabra manipular "suena terrible" y aplicada al paradigma de las ventas, mentalmente nos hace evocar los trillers de terror en que las víctimas parecen atraídas hacia la trampa mortal del asesino del mismo modo en que algunos insectos se ven atraídos por las luces brillantes.

Al respecto, permítase la tranquilidad de saber que no existe poder humano que haga comprar un producto o servicio por la fuerza a un individuo, lo puedes inducir, tentarlo, predisponerlo, pero en todos los años que llevo como agente de seguros no he conocido a nadie que se jacte de cambiar la voluntad de sus clientes para que le compren una póliza de seguros por la fuerza, cuando alguien se niega a comprar, simplemente no le comprará y punto.

De cualquier modo, para evitarme reclamaciones posteriores cambiaré el término "manipular" por el de "inducir", considerando que mi trabajo como vendedor profesional de seguros es buscar en el corazón de mis clientes los motivos por los cuales debe proteger a su familia.

Afortunadamente, la ventaja que los agentes de seguros tenemos al profundizar en el estudio del contrato de seguros, muy en especial tratándose del seguro de vida, es que resulta muy difícil encontrar aspectos negativos en las cláusulas del contrato que vendemos, esto es porque esencialmente las pólizas de seguros de vida se equiparan en su bondad con el testamento que se firma frente a un notario, precisamente porque en sus características cuenta con sólidos cimientos legales que reflejan los más altos estándares éticos y morales de la sociedad moderna: el seguro de vida es inobjetable, inaplazable, irreemplazable e inembargable.

Aunque no es materia de estudio de este texto, vale la pena que usted como vendedor profesional repase los atributos más positivos con que cuenta su producto o servicio, de tal forma que usted sienta una paz mental y espiritual al tomar consciencia de las bondades esenciales con que su producto o servicio impactará positivamente en la vida de sus clientes, esto es indispensable para expresar con absoluta serenidad y seguridad sus respuestas a las objeciones más diversas.

Seguramente no sucede igual para todos los vendedores, sobre todo para aquellos dedicados a ventas de drogas, pornografía o para aquellos inmiscuidos en la delincuencia organizada, no hay manera de callar la conciencia, simplemente no existe refugio espiritual y por consiguiente no hay ganancias suficientes que llenen ese vacío existencial, por lo que sin importar cuánto dinero se gane por actividades reprochables de venta, los frutos de ese trabajo siempre tendrán un sabor amargo.

En el otro extremo están casos como los agentes de seguros, ya que las bondades esenciales del seguro de vida nos autorizan moralmente para intentar "inducir" los sentimientos más virtuosos de nuestro cliente para enfocarlos en la adquisición de pólizas de seguros como verdadera solución para el futuro económico de su familia.

Sarcástico e Irónico

De vuelta en el camino, debo ser categórico al afirmar que la segunda etapa es mucho más que completar una vuelta en "U", se trata de la maniobra más delicada del proceso del manejo de objeciones en el método 5SA, si consideramos que la vuelta en "U" está compuesta por las etapas dos y tres (absorción y quiebre respectivamente) como elementos indispensables para garantizar su efectividad.

El primer elemento asimila la objeción, lo que también se puede explicar como la articulación de la objeción en la propias palabras del vendedor profesional, es decir que el vendedor es responsable de comprender y reproducir la objeción en su propio lenguaje de tal modo que permita ofrecer el segundo elemento de la etapa de Retorno que se refiere a exponerle al cliente las debilidades y riesgos que las objeción representa, en este modo se develan los puntos débiles en el punto de vista de nuestro interlocutor sin incurrir en una confrontación directa con él.

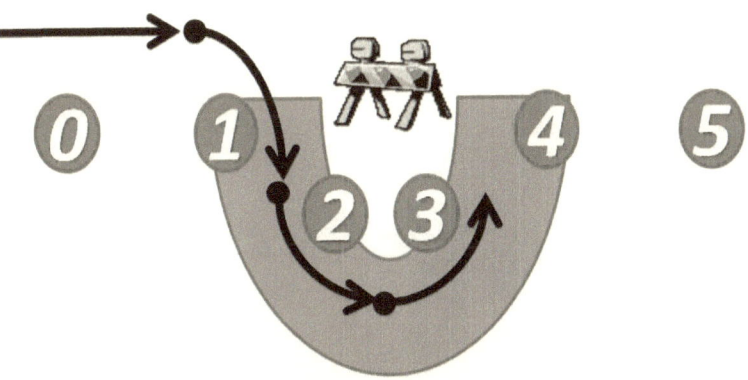

Ilustración 10 Vuelta en "U"

Habiendo aclarado las diferencias respecto a los trazos que forman la vuelta en "U" es más fácil entender que el objetivo del primer trazo no es tomar una postura agresiva respecto de la objeción, se trata de poner la objeción a la distancia prudente para evitar estrellarse con ella más adelante y al mismo tiempo producir un cambio de dirección durante el movimiento del trazo, dejamos de huir de la objeción para dar paso a una exposición de razones por las cuales la objeción es inaplicable a nuestra propuesta de negocios.

Ya en la práctica encontrará que en la mayoría de los casos la objeción es en realidad una razón más de compra y no una razón de rechazo, pero el cliente ha decidido expresarla en un contexto negativo que le da su aparente validez como obstáculo en el camino hacia el cierre de ventas.

Lo importante de trazar bien nuestra vuelta en "U" tiene que ver con replantear la objeción de modo que en nuestras palabras represente un motivo más de compra. El PASO DOS: ABOSORCIÓN para "asimilar" la objeción debe ser concreto, asertivo, pero sobre todas las cosas debe permitir que el siguiente trazo se genere, esto es tan importante como evitar que un juego de dominó se cierre antes que usted se deshaga de "la mula de seis".

Ilustración 11 El vicio de preguntar a mitad de camino

Desafortunadamente, la mayor tentación para el vendedor profesional en este punto es buscar la retroalimentación de su cliente, en la práctica es muy común que el tercer paso: QUIEBRE, sea sustituido por un debate de ideas o que de pie a una nueva objeción, esto es igual a lo que pasa en las películas cómicas en las que los héroes se encuentran perdidos en el bosque y después de mucho caminar en círculos se convencen de haber pasado ya por el mismo sendero varias veces.

La vuelta en "U", se convierte en una vuelta en círculos que da pie a pláticas emocionantes, cargadas de buenos argumentos pero totalmente estériles e improductivas.

Estoy consciente que de algún modo estoy retando a la mayoría de los cursos de ventas que recomiendan preguntar mucho para "descubrir" la razón oculta detrás de la objeción Le recuerdo que muchos métodos de ventas fueron diseñados por administradores de grandes empresas copiando las mejores prácticas de sus vendedores más destacados, esto es lo más común en cualquier compañía del mundo y es como copiar el método de carrera del campeón mundial de 100 m planos para enseñarlo a niños de kinder, simplemente no vas a poder conciliarlo con la realidad.

Pero la mayoría de estos métodos se enseñan sin tomar en cuenta que muchos de estos gigantes son capaces de vender con un método, sin un método o a pesar de un método, simplemente son geniales vendiendo.

Entonces debo insistirle en que termine de dar la vuelta en "U", no se detenga a ver qué pasa con la objeción, concluya los dos trazos y no se exponga a perder una venta por pedirle opinión a su prospecto antes de completar el ciclo de respuesta rápida, recuerde que la objeción ya fue planteada desde el inicio y el método 5SA sirve para esquivarla y retomar el camino del cierre de negocios.

Si usted se pone a hacer preguntas retóricas, a consultar a su cliente, solo se va a topar con más objeciones sin haber dejado atrás la primera, y para ser honesto con usted, no he llegado a la versión del 5SA que permita lidiar con dos o más objeciones a la vez, mantengámoslo sencillo y termine completo su trazo en "U", complete el QUIEBRE.

QUINTA PAUTA FILOSÓFICA: "Nunca haga preguntas mientras se encuentre a mitad de la respuesta a una objeción"

Hagamos un breve resumen del avance que llevamos hasta el momento:

Tabla 9 Resumen de pasos alcanzados en el 5SA

1.0	LOS SEGUROS SON PURAS MENTIRAS	2.0	CON EL REGRESO A CLASES VAMOS A TENER MUCHOS GASTOS	3.0	ANTES VOY A COMPRARLE UNA CASA A MI HIJO
1.1	Comprendo muy bien su decepción…	2.1	¡Es cierto! Esta época del año es complicadísima…	3.1	¡En verdad lo felicito!
1.2	Porque está comprobado que un 12% de los agentes de seguros mal informan para poder vender, haciendo parecer que todos los seguros, aseguradoras y agentes somos unos mentirosos, lo peor es que ese 12% de gente	2.2	Entre los gustitos vacacionales y los gastitos escolares, se le hacen hoyos a la cartera…	3.2	Ya que está en el mejor momento para adquirir patrimonio que genere una renta segura para su hijo… sobre todo tratándose de una inversión que le dure toda su vida…

	mentirosa también existe entre banqueros, médicos, abogados o arquitectos, es más, existe en la humanidad misma…				
1.3	Pero estará de acuerdo conmigo que es injusto culpar al cemento por un mal acabado, o a las medicinas por una negligencia médica, aunque es completamente válido cambiar a quien nos falló…	2.3	Pero al mismo tiempo se confirma que sus hijos sin usted no tendrían la menor oportunidad de tener un feliz regreso a clases, porque hoy las angustias económicas las sufre usted y no ellos…	3.3	Precisamente, vine a ofrecerle que su inversión esté blindada contra siniestros, delincuencia organizada, cambios de residencia o altos costos de mantenimiento que son nefastos para sus bienes inmuebles…

El recuadro anterior nos permite visualizar con toda claridad los pasos a seguir para quebrar una objeción y ponerla a nuestro servicio. Recuerde que la intención es siempre darle la vuelta a los argumentos dilatorios de nuestro cliente para no comprar y en una forma lógica y bien estructurada conseguir una respuesta asertiva y enfocada en el cierre de ventas.

Vale la pena recordarle que mientras haga su respuesta no debe caer en la tentación de hacer preguntas a su cliente, después de todo, solo tiene un minuto para darle la vuelta a la objeción, no tiene sentido abrir nuevas objeciones sin haber derrotado la primera.

En el modelo 5SA las preguntas a nuestro cliente solo se hacen cuando el agente de ventas no ha entendido los comentarios del cliente, es decir, solo sirven de apoyo para saber si el cliente nos sigue o si nosotros seguimos al cliente.

De ninguna manera considero útil preguntar a un cliente, sobre todo si no estoy preparado para la respuesta, porque nadie se puede preparar para contestar lo impensable, y generalmente como vendedor pierdes el control de la conversación y facilitas el escape del cliente por temas intrascendentes y tangenciales.

¡Haga preguntas, haga preguntas, haga preguntas! Eso es lo que todos le dirán en todos los cursos de ventas, el problema es que el mapa mental para alguien que quiere estar preparado para afrontar la presencia de objeciones múltiples producidas por el uso de las preguntas se parece a esto:

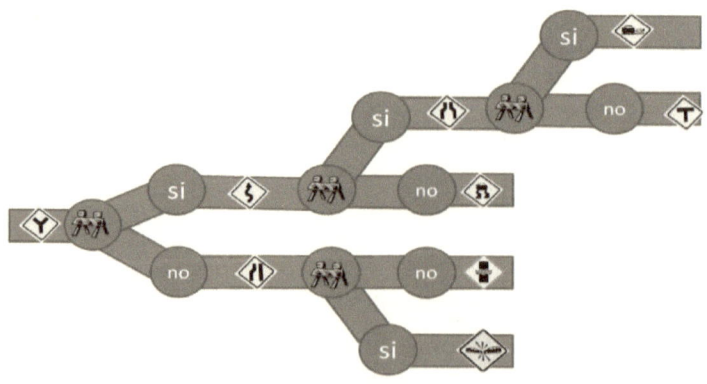

Ilustración 12 Laberinto de objeciones

La decisión de hacer preguntas es tan simple como decidir qué camino prefiere transitar, ¿Un laberinto como en la ilustración 12?

Si lo analiza con cuidado, en el laberinto solo se presentaron tres objeciones eslabonadas, e incluso solo una parte de las ramificaciones que una tras otra se van formando por cada pregunta cerrada (sí o no) hecha por el agente de ventas.

Sarcástico e Irónico

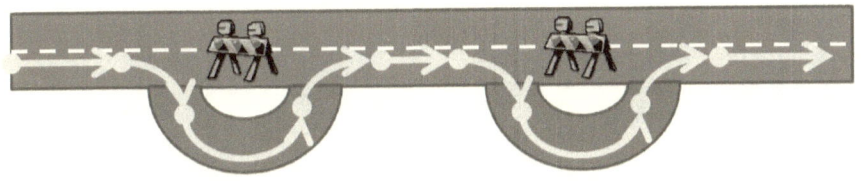

Ilustración 13 Mapa mental de objeciones en el método 5SA

La diferencia entre los mapas mentales anteriores salta a la vista, en el laberinto hay que tener una memoria privilegiada o un don de improvisación envidiable. Al final es su decisión:

¿Hacer o no hacer preguntas? ¡Esa es la cuestión!

Hagamos un breve resumen del avance hasta el momento. Tomemos el ejemplo 3.0 para transformar un poco nuestro recuadro y ejemplificar los pasos recorridos hasta el momento:

3.0		3.0	ENCONTRAR, HALLAR, DETECTAR, DIFERENCIAR	3.0	ANTES VOY A COMPRARLE UNA CASA A MI HIJO
3.1		3.1	EVADIR, EVITAR, ESQUIVAR, ELUDIR, CONDESCENDER	3.1	¡En verdad lo felicito!
3.2		3.2	AMPLIFICAR, INFLAR, AMPLIAR, EXAGERAR, EXHORBITAR, ENCARECER, DRAMATIZAR.	3.2	Ya que está en el mejor momento para adquirir patrimonio que genere una renta segura para su hijo… sobre todo tratándose de una inversión que le dure toda su vida…

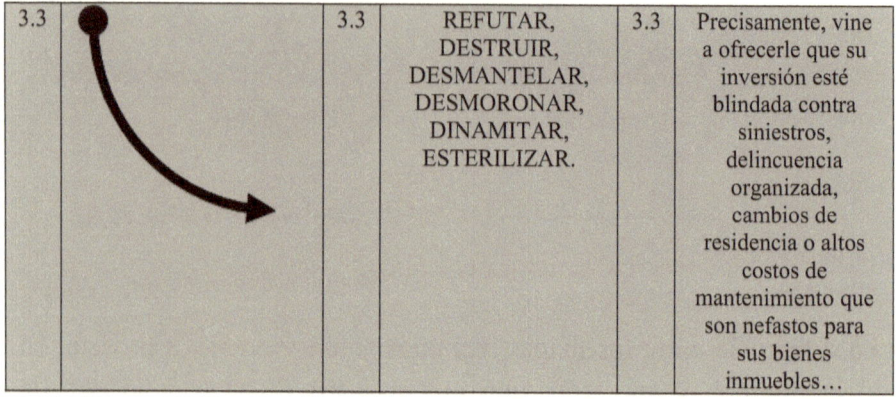

3.3		3.3	REFUTAR, DESTRUIR, DESMANTELAR, DESMORONAR, DINAMITAR, ESTERILIZAR.	3.3	Precisamente, vine a ofrecerle que su inversión esté blindada contra siniestros, delincuencia organizada, cambios de residencia o altos costos de mantenimiento que son nefastos para sus bienes inmuebles…

La primera columna gráficamente marca los trazos por los que hemos venido avanzando, pasamos del sarcasmo a la ironía en una forma muy natural, como si durante los pasos 3.0 a 3.2 apoyáramos la objeción de nuestro cliente, sin embargo, en el paso 3.3 se hace evidente nuestro deseo de vender, porque está claro que a los agentes profesionales de ventas no nos pagan comisiones por ser amables, las compañías que representamos pagan comisiones y honorarios por nuestra capacidad para vender sus productos o servicios.

Nunca olvidemos que si su compañía lo trata como a un héroe seguramente se encuentra en el "top ten" de las personas que ingresan dinero a los balances contables, al respecto no debemos confundirnos, porque la única regla moral que usted encontrará en las personas morales (empresas) será la de tener contentos a sus accionistas, todo lo demás es pasajero y prescindible.

Tampoco se trata de satanizar a las empresas que venden productos o servicios, simplemente debemos tener claro que las personas que trabajan dentro de una empresa son una cosa, ellos son seres humanos cálidos con alma, cuerpo y mente, como usted y yo, pero el ente empresarial producido por la compleja telaraña de intereses de todos los empleados, asociados, proveedores, clientes, funcionarios, directivos y accionistas de una empresa son otra cosa muy distinta, la escala de valores es muy distinta, se mueve en una realidad distinta, se trata de una conciencia colectiva que tiene como principal prioridad la de ganar dinero y no siempre se alinea a los buenos sentimientos de sus integrantes.

Precisamente por eso los reconocimientos que las empresas otorgan a sus vendedores nunca son para las personas buenas que viven modesta y honorablemente de las ventas. Lo que quiero decir es que no se premia la conducta, se premian los logros y concretar ventas debe ser una prioridad diaria para un vendedor profesional, por eso el paso 3.3 es tan importante, porque nos permite atacar las defensas de nuestro cliente una vez que hemos flanqueado su objeción.

El objetivo del paso 3.3 es desmantelar la objeción de nuestro cliente, considerando que la clase de inversión que está tratando de hacer también se puede lograr a través de mi oferta, no quiero convencerlo de que su objeción es una mala idea; lo que quiero lograr es que considere que mi propuesta le agrega valor a su buena idea, es decir, le amplío los riesgos adicionales que puede evitarse al considerar mi propuesta como una mejor solución a su idea de invertir en bienes raíces.

Al respecto de la objeción 3.0, la inversión de bienes raíces tradicionalmente se considera de gran estabilidad en cuanto a plusvalía y casi siempre se le apuesta sin reservas a la rentabilidad de este tipo de inversiones, sin embargo, en la última década estos paradigmas se han modificado en algunas regiones de Norteamérica, no hace mucho USA entró en un terrible escándalo financiero que involucró hipotecas incobrables por parte de bancos gigantescos, así que en cuestión de meses muchas propiedades inmobiliarias perdieron dramáticamente su valor de mercado.

En el caso de México, aun vivimos un grave problema de delincuencia organizada que en los hechos ha destruido el patrimonio de muchas familias que quedaron atrapadas en auténticas zonas de guerra entre delincuentes y fuerzas del gobierno, en regiones muy específicas de México el valor de los bienes raíces se derrumbó terriblemente por considerarse lugares de altísimo riesgo de violencia, así de un mes a otro, ciertos lugares resultaron nocivos para la salud -física y mental- y la contaminación ambiental nada tuvo que ver.

En el ejemplo 3.3 hacemos evidente que invertir en nuestros tiempos debe considerar factores impredecibles como el crimen organizado o la movilidad laboral, estoy seguro que 10 años antes nadie pensaba que sería peligroso vivir en alguna ciudad del norte mexicano, del mismo modo en que nadie pudo prever como los "activos tóxicos" causarían una debacle financiera en USA.

Esa incapacidad para prever lo que puede ocurrir con las inversiones tradicionalmente seguras abre una ventana de oportunidad para inversiones alternativas como los seguros de vida que en algunas de sus modalidades proveen de una renta anual vitalicia sin mayores contratiempos.

Como podrá notarlo, en realidad la base sobre la que trabajamos para quebrar la objeción de nuestro cliente es la respuesta sin filtro, pero eso solo es el principio de la solución ya que darle tiempo al cuidadoso diseño de respuestas a través del 5SA requiere aprender a escuchar objeciones del tipo 3.0 que parecen difíciles de vencer, de hecho lo son, por eso vale la pena someter todas las objeciones comunes a un minucioso análisis que nos permita estar preparados con un buen portafolio de respuestas bien estructuradas.

Precisamente, mi experiencia con el objecionario de ventas, me ha permitido evitar el olvido de mis propias respuestas, así es, algo que se deja de practicar se olvida y si nos damos el lujo de estar desperdiciando buenas ideas, pues finalmente hasta esa materia prima se puede acabar sin haberla almacenado apropiadamente.

¿Qué espera para empezar a hacer su objecionario de ventas?

Hacer su propio objecionario de ventas después de estudiar los conceptos del método 5SA es el producto final que espero resulte; sin embargo, en mis años de capacitación como agente de ventas el principal obstáculo que he detectado en muchos de mis colegas es la apatía, que en muchas ocasiones es un síntoma del cansancio causado por el vicio anual de destruir y reconstruir desde cero sus métodos de venta. Ya he mencionado antes el temor que me causa enredarme en este terrible vicio, sin embargo le puedo garantizar que este momento de su carrera como vendedor profesional puede ser clave para el resto de su vida laboral, si usted toma hoy una actitud diferente sobre el método 5SA que tiene en sus manos, y se dedica a formar su propio objecionario de ventas estoy seguro que encontrará la salida natural a muchos de sus problemas como cerrador de negocios, ¡anímese! Tome el riesgo de iniciar a garabatear sus respuestas a las principales objeciones con las que trabaja diariamente, ¡no se espere a terminar el libro!

Si no le gusta escribir directo en su computadora no se preocupe, tome unas hojas blancas y hágalo a mano solo por desentumir su viejo pulso pero empiece hoy mismo.

Al respecto quiero comentarle que me ha resultado muy útil escuchar las respuestas mientras las voy creando, me permite refinar poco a poco mis respuestas hasta que me convencen, para este propósito utilizo un servicio convertidor de texto a voz alojado en la página de internet www.vozme.com (Ongay) que me permite escuchar de inmediato la respuesta que diseñé, con lo que puedo tomar el control del tiempo que tarda mi respuesta y el impacto que me produce al escucharla. A continuación le dejo un ejemplo del texto que ocupo para que la página web de vozme me lea en forma pausada mi respuesta con el método 5SA:

> OBJECIÓN… ANTES VOY A
> COMPRARLE UNA CASA A
> MI HIJO…
>
> UNO… ¡En verdad lo felicito!
>
> DOS… Ya que está en el mejor momento para adquirir patrimonio que genere una renta segura para su hijo… sobre todo, tratándose de una inversión que le dure toda su vida…
>
> TRES… Precisamente, vine a ofrecerle que su inversión esté blindada contra siniestros, delincuencia organizada, cambios de residencia o altos costos de mantenimiento que son nefastos para sus bienes inmuebles…
>
> CUATRO… Mi propuesta es muy simple, en lugar de gastar su tiempo y dinero en albañiles, materiales e impuestos… inviértalo con nosotros a cambio de que su hijo goce de una renta mensual garantizada, sin preocuparse de inquilinos latosos, cambio de residencia o problemas con delincuentes…
>
> CINCO… Déjenos preocuparnos por los riesgos, mientras usted garantiza que su hijo disfrute de su inversión…

La respuesta completa a la objeción 3.0 escrita directamente en el convertidor de texto a voz le genera un archivo de audio de 55 segundos leído en forma pausada, este resultado es sin duda un gran avance tecnológico que nos permite escuchar una y otra vez hasta memorizar la respuesta que diseñamos, la ventaja es que el sistema de vozme permite grabar sus respuestas en archivos de audio que son compatibles con prácticamente cualquier Smartphone por lo que usted puede descargar el pequeño archivo de audio en su teléfono móvil para tenerlo a la mano y escucharlo en cualquier oportunidad.

Por ejemplo mientras está en un embotellamiento vial, mientras lo tengan esperando por una cita importante, cuando quiera discutir sus respuestas con sus colegas, en fin, la tecnología de la conversión de texto a audio por internet en conjunto con su Smartphone realmente le otorga una herramienta valiosa para hacer más rentable su tiempo personal.

Al respecto quiero comentarle que en mi Smartphone tengo el servicio de navegación por internet y la página de www.vozme.com (Ongay) resultó compatible al 100% por lo que mis últimos ejercicios con el 5SA los he escrito directamente desde el teclado de mi teléfono, así que cuando una buena idea se me viene a la mente solo levanto mi teléfono y empiezo a escribir directamente, genero el archivo de audio y lo descargo directo en mi teléfono celular, créame, con todos estos avances tecnológicos no hay pretextos que le impidan empezar en este mismo instante la aventura de diseñar su propio objecionario de ventas.

SEXTA PAUTA FILOSÓFICA: "Siempre hay lugar y tiempo para lo productivo"

Por eso, aproveche cualquier momento del día para "afilar el hacha" mejorando su objecionario de ventas, al principio tendrá solo dos o tres objeciones previstas, pero con tiempo y esfuerzo podrá contar con un excelente repertorio de respuestas a las principales objeciones de ventas.

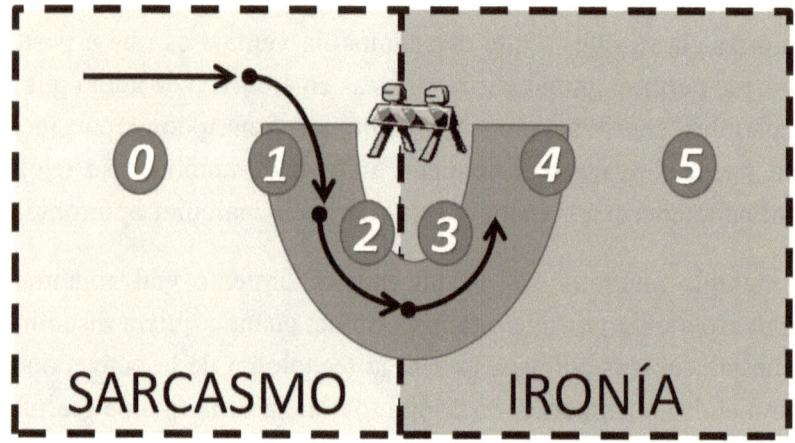

Ilustración 14 Vuelta en "U"

Al respecto de hacer el tiempo productivo recuerdo muy bien una anécdota que me platicaron mis colegas de Tuxpan, Veracruz, sobre mi madre y maestra de ventas, creo que es de esas anécdotas que con el tiempo se convierten en pequeñas leyendas entre los vendedores de seguros.

Resulta que en los años ochentas las campañas políticas eran muy diferentes de los actuales bombardeos multimedia a los que nos han acostumbrado hoy, antes era más artesanal el asunto, la piedra angular de las campañas políticas eran los discursos no los comerciales.

En este contexto de política antigua resultó uno de los mejores cierres de ventas de seguros de los que he tenido noticias, precisamente haciendo uso productivo del tiempo, y es que andaba mi maestra visitando a unos asegurados en Tuxpan cuando se quedó atascada en el tremendo congestionamiento de tránsito que causó el mitin político del candidato oficial, un verdadero acarreo masivo de gente que es típico en épocas electorales.

Entonces, decidió aprovechar su tiempo productivamente y se acercó lo más que pudo a la tarima donde estaba la mesa de honor del candidato en cuestión, y esperó pacientemente una oportunidad que le llegó cuando del estrado solicitaron que alguien del público tomara la palabra para dirigirse al candidato…

¡Zas! De inmediato levantó su mano de entre el sorprendido público y se subió a la tarima a echarle "flores" al candidato con un emotivo discurso, después de los aplausos no perdió el tiempo y se acercó directo a la mesa de honor a saludar a todos los presentes y entregar personalmente su tarjeta como agente de seguros al candidato, que por supuesto, estaba muy agradecido por las palabras recibidas durante el discurso de una total desconocida.

Pues bien, una vez ganada la elección mi maestra fue a tocar las puertas de la presidencia municipal y cerró un jugosísimo negocio que incluía todos los ramos asegurables del municipio, todas esas pólizas se mantuvieron vigentes durante varios años, pero la historia de cómo se ganaron ese y otros muchos negocios que cerró durante su carrera como agente de seguros siguen siendo parte de la herencia intangible que nos ha dejado su brillante carrera como vendedora profesional.

En verdad, existen muchos motivos para sentir orgullo de ser vendedor profesional, por supuesto que ganar bien y ser premiado por los buenos resultados es indispensable, pero en mi caso, ser vendedor profesional me permitió también llevar un poco de congruencia a mi vida.

Desde que inicié como agente de seguros fui advertido que lo más atractivo de mi oferta viene con los años, y me refiero a que es crucial que los seguros que vendo paguen indemnizaciones siempre, sin esa respuesta efectiva a nuestros asegurados mi palabra se vuelve basura, así que empeñar mi palabra con cada póliza que vendo se resume en mi filosofía como Experto en Seguros:

"Cuidar los intereses de la aseguradora al suscribir, después, exprimir hasta la última cláusula en favor de mis asegurados"

Por estar convencido que la congruencia es importante para darle balance a mi vida laboral, soy cuidadoso en ofrecer propuestas congruentes con mis propios valores, aunque reconozco que a veces, es durísimo dejar pasar una buena comisión por tener cerrada la puerta del dolo en contra de la aseguradora o mis asegurados. Sin embargo, creo que hay puertas falsas que nunca deben abrirse porque después no hay manera de cerrarlas.

viii.   **PASO CUATRO: PROPUESTA**

¿De qué le sirve a un torero ser bueno con el capote si falla con la espada?

Quizás extrañe un poco lo controversial del ejemplo, sobre todo en nuestros tiempos en que la tauromaquia sufre un creciente ataque por parte de grupos anti taurinos, sin embargo, me parece muy válida la analogía para comprender cómo cerrar un ciclo, concluir un proceso o cerrar una venta.

Al igual que al torero le interesa consagrarse consumando su faena con una estocada limpia, realmente nos debe importar a todos los grandes y pequeños vendedores profesionales salir de la encrucijada de la objeción para meternos de lleno a la negociación de los términos del contrato, como lo ilustramos a continuación:

Sarcástico e Irónico

Tabla 10 Paso cuatro: La propuesta

1.4	Por eso le propongo acabar con esas mentiras sobre los seguros que lo tienen decepcionado, para que no sigan afectándolo en su toma de decisiones sobre la mejor forma de garantizar el futuro económico de su familia a través de una buena póliza de seguros…	2.4	Precisamente, mi propuesta garantiza que nunca sean ellos los que se angustien por el costo de libros, uniformes o colegiaturas…	3.4	Mi propuesta es muy simple, en lugar de gastar su tiempo y dinero en albañiles, materiales e impuestos, inviértalo con nosotros a cambio de que su hijo goce de una renta mensual garantizada, sin preocuparse de inquilinos latosos, cambio de residencia o problemas con delincuentes…

La esencia de PROYECTAR, PROPONER, PRESENTAR, PRESUPUESTAR es sin duda aprovechar el mejor momento que existe para tomar por sorpresa a nuestro cliente, justo cuando acaba de intentar deshacer la venta. Tal como lo presentamos en los elementos 1.4, 2.4 y 3.4, saltar de nuevo al camino del cierre resulta algo natural después de haber librado la objeción a través de la vuelta en "U".

En los pasos 1.0 a 1.3 acabamos de argumentar sobre una grave acusación de corrupción, por decir lo menos, sin embargo nuestra respuesta 1.4 es precisamente que la mejor forma de evitar caer de nuevo en un problema es elegir mejor al intermediario que lo atiende, con la justicia que merece, pero sobre todo, evitar que algo ajeno a las necesidades de protección de su familia siga evitando que les provea de la adecuada póliza de seguros. Se trata de un intento firme para desenlazar a nuestro favor la mala energía que otros intermediarios irresponsables despertaron en nuestro cliente.

Si le sirve de consuelo, usted prácticamente había perdido la venta al recibir la objeción 1.0, se trata de una posición muy difícil de doblegar que entraña una terrible desconfianza y hasta un exceso de seguridad de nuestro cliente respecto a su postura de no comprar nada que tenga que ver con un seguro.

La otra remota posibilidad, es que solo pretenda advertirnos que quiere proteger a su familia pero es enfático en su necesidad de no ser lastimado otra vez, el trasfondo nunca lo sabremos hasta que intentemos el cierre, porque el intento de cierre es el mejor indicador para saber si era un cliente perdido antes de sentarnos a conversar o es uno que muchos otros perdieron por vencerse demasiado pronto.

Es bastante irónico que nuestro propuesta 1.4 sea precisamente la solución planteada al problema de una grave falta de confianza, es decir, desde nuestro irónico punto de vista, si el problema es la desconfianza, precisamente confiar en otro desconocido resulta ser la salida al problema, pero esto no resulta raro en la naturaleza humana, por eso la ley confiere a los derechohabientes de prácticamente cualquier servicio médico del mundo el derecho a tener una segunda opinión médica, ¿Por qué no? la ley permite que si el diagnóstico de un desconocido no me satisface, pueda pedir la opinión de otro desconocido para compararla ¿No es irónico?, sí que lo es en verdad, sin embargo la medida ha dado sus frutos.

Un buen punto a nuestro favor es que –afortunadamente- la mayoría de las decisiones de compra no se toman metiendo datos en un programa de computadora, se toman calibrando ambos hemisferios cerebrales y en muchos casos la compra no dependerá precisamente de la toma de decisiones más lógica, es allí donde se abren inmensas posibilidades incluso en intentos de cierres que nos parecían imposibles de concretar, por lo tanto, llegar hasta este punto de su respuesta a la objeción no es una pérdida de tiempo, es parte de atender en forma disciplinada a su cliente, se trata de concluir nuestra tarea como vendedores profesionales.

Además, a estas alturas ni siquiera ha llegado a consumir un minuto de su valioso tiempo de ventas respondiendo la objeción, ¿Qué sentido tiene llegar hasta la cita de negocios, sentarse a negociar y salirse sin haber propuesto nada?, es igual de inútil que un torero batalle durante toda la faena y al final se niegue a picar al toro con su espada.

Veamos gráficamente donde estamos:

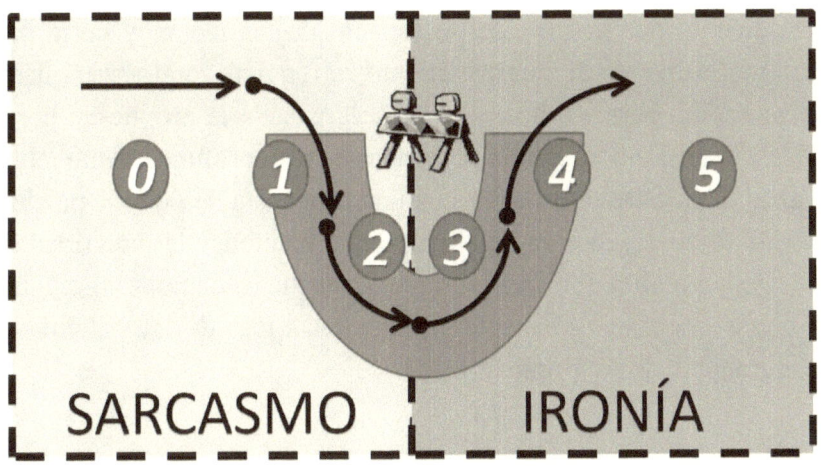

Ilustración 15 Paso cuatro: La propuesta

Al momento de llegar al paso 3.4 ya se habrán consumido los primeros 30 segundos, por lo que hay bastante tiempo para desarrollar una buena propuesta para nuestro cliente, una que satisfaga su necesidad de perpetuar sus bienes a través de sus hijos y que al mismo tiempo prevenga riesgos difíciles de manejar con cualquier otra propuesta de inversión como la invasión de bienes inmuebles por el crimen organizado.

¿Por qué el tiempo es crucial en el manejo de las objeciones?

Además de que tengo la afición por cronometrar actividades desde mis años como ingeniero de maquiladora, encontré de gran importancia el tiempo usado en responder la objeción, en la práctica he comprobado que es cuestión de segundos para manejar la objeción a favor o desfavorablemente.

Precisamente por tratarse de un espacio de tiempo muy corto para mantener el interés de nuestro cliente se requiere total asertividad y concentración para explicar en una sola pasada la propuesta, por lo que el tono irónico ayuda a penetrar más profundamente en el corazón de nuestro cliente, porque una propuesta de 40 a 50 palabras necesita forzosamente un aglutinante que mantenga la integridad del mensaje, en realidad lo que la ironía consigue es explotar al máximo el breve mensaje y revelar ante los ojos de su cliente la incongruencia de su propia objeción.

¿Le gustan las comedias en TV?

Piense en esto, la mayoría de las exitosas series de comedia que existen en la actualidad tienen algo en común, así es, la ironía está presente desde que empieza el tema musical hasta que ponen los créditos, minuto a minuto usted puede contabilizar gran cantidad de sarcasmos e ironías, ¿Por qué? Es simple, sin necesidad de cansar a la audiencia con largos y acartonados diálogos, en dos o tres frases

Sarcástico e Irónico

cortas disparadas oportunamente se puede arrancar una carcajada al televidente, porque el mensaje explota dentro de la mente del espectador y su imaginación hace el resto, por eso la ironía no es directa, sin embargo bien utilizada impacta explícita, cruda y clara.

Al respecto de atreverse a asediar a su cliente con una propuesta irónica, conozco a algunos grandes vendedores profesionales, sobre todo agentes de seguros y lo curioso es que en términos generales no son muy diferentes de otros vendedores con resultados regulares o pobres, es decir, el campeón y el estándar manejan una buena presencia, invierten en un buen atuendo, se manejan adecuadamente ante sus clientes utilizando su sentido común además de cierta "etiqueta" de ventas que se va aprendiendo con la práctica.

Entre ambos no es fácil encontrar grandes diferencias en su belleza física o intelecto, es curioso que los vendedores promedio sean tan asiduos a tomar cursos de ventas profesionales como los agentes exitosos, tal vez por quedar bien con el Gerente de Ventas o por pura disciplina, pero la gran diferencia entre ambos es que el vendedor exitoso ha logrado de alguna manera (a veces por accidente) llegar a un método muy efectivo para rebatir las objeciones de sus clientes, tal como los actores de comedia, estos campeones logran usar las objeciones de sus clientes como punto de apoyo para lograr el anhelado cierre de negocios.

Tal como sucede en las artes marciales mixtas donde los contrincantes utilizan cualquier resquicio para dar un golpe certero o forzar una sumisión; es curioso que ante los ojos de sus colegas y competidores, algunos vendedores tienen fama de poseer ingenio especial que le permite tener la respuesta correcta siempre y en cualquier situación, al grado que parece pura inspiración y toneladas de libros de motivación, en lugar de un cuidadoso y bien instrumentado proceso de análisis de las diferentes oportunidades de cierre a través del manejo de las objeciones.

Esta magia que rodea el éxito de estos profesionales hace que los vendedores menos afortunados se concentren en copiar "las mejores prácticas de trabajo" de aquellos con excelentes resultados, por supuesto, si hay algún margen de beneficio por copiar las prácticas de trabajo, herramientas de ventas, forma de vestir, formas de organizar la agenda, pero está tristemente condenada a otorgarles baja efectividad de cierres exitosos.

Aún así, copiar las mejores prácticas de trabajo está muy arraigado entre los directivos de capacitación de ventas de las grandes compañías de seguros y otros giros financieros, lo que aunado a la noción de que las ventas profesionales son magia, son arte, son inspiración, termina generando explosiones de júbilo cuando un grupo objetivo de ventas sometido a esta escuela logra una tendencia positiva de ventas respecto de aquellos que no han tomado ninguna capacitación formal.

Es bien sabido que la madre de todas las objeciones es la postergación que usualmente se materializa como "Déjeme pensarlo" y resulta ser lo más lógico que una propuesta de cierre inmediato bien fundamentada sirve como la mejor vacuna para esta temible objeción que con tanta frecuencia nos hace perder tiempo valioso o finalmente posterga un cierre de ventas en forma indefinida.

En la práctica el gran valor de proponer justo después de asimilar y enfocar la objeción genera además una ventaja psicológica importante, ya que una gran mayoría de los vendedores profesionales tiende a retrasar y evadir la presentación de la propuesta por desconfianza y temor a perder la negociación, en otras ocasiones se sobrevenden argumentos sin llegar al punto de intentar el cierre. Estas actitudes suelen generar malos resultados cuando se trata de cerrar una venta, por lo que el mejor momento para intentar el cierre es precisamente cuando se manejan las objeciones.

En ese momento es usual que se ha dicho todo por parte del vendedor profesional y solo se esté especulando con los puntos tratados, en cambio, cuando usamos como punto de apoyo la objeción para intentar el cierre la experiencia nos demuestra que solo hay dos caminos a seguir: El primero, que se develen las verdaderas objeciones; el segundo que cierre la venta, ambos casos son totalmente deseables y escenarios muy productivos para que el vendedor logre cerrar la venta.

ix. **PASO CINCO: ¿Quién le vende a quien?**

Frecuentemente escucho lo importante que resulta practicar vigorosamente el cierre de ventas, si platicas con cualquier veterano te va a decir lo mismo, que la experiencia hace una gran diferencia, esta creencia la comparten los vendedores de todos los giros y no trataré de desprestigiarla en ningún modo, simplemente me gustaría ponerla en una diferente perspectiva.

¿Cuántas veces hay que intentar un cierre para lograr la venta?

En mi experiencia ¡Arremeta! No se toque el corazón porque "acelerar a fondo" es una frase sencilla para explicarle que nada ocurre por arte de magia, hay que actuar como si realmente estuviéramos cerrando un negocio, actúe como profesional y no sea timorato, si quiere cerrar una venta debe meter el acelerador a fondo, haga lo que tenga que hacer pero no deje que se pierda la inercia de su propuesta, existe una frase que explica con bastante exactitud este concepto: "La actitud no la aptitud te dan la altitud".

Si su cierre necesita pedirle datos bancarios ¡hágalo!, si usted sabe que es imprescindible pedirle documentos de identificación fiscal ¿Qué espera?, ¿su compañía espera una solicitud o requisición firmada? ¡Saque el bolígrafo!

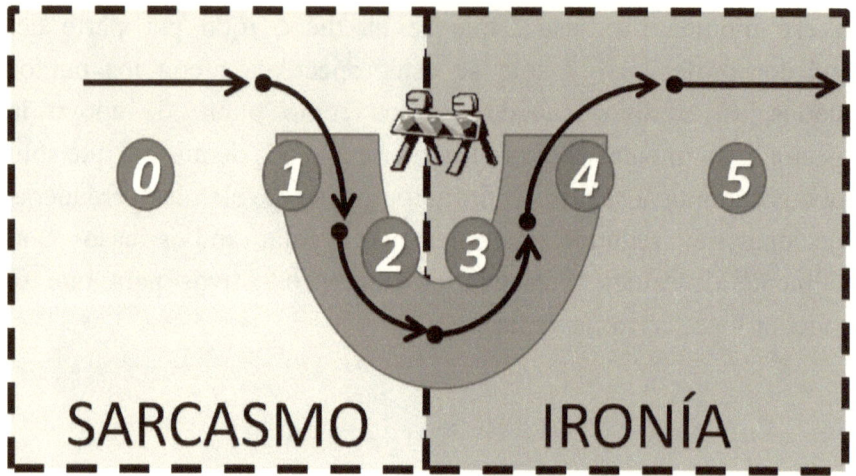

Ilustración 16: 5SA, el ciclo completo

Algunos textos de ventas sugieren demostrar paciencia con su prospecto, incluso he sabido de algunos cursos de ventas donde sugieren esperar a cerrar hasta la segunda o tercera cita, pero estamos en el siglo XXI, si su interlocutor está inmerso en el vertiginoso ritmo moderno, le garantizo que agradecerá que no desperdiciemos su tiempo con sutilezas.

Además, la actitud de cierre está inmersa en todo el proceso 5SA, no tenga miedo de cerrar, La historia cuenta que *"Veni, vidi, vici"* fue la frase del gran Julio Cesar al Senado Romano sobre su aplastante victoria en el campo de batalla, por lo tanto: "vaya, vea y venza", no espere a que otro lo haga por usted, porque si de algo puede estar bien seguro es que si ese cliente no es suyo será de alguien más.

La mayoría de los *gurús* de ventas de los que tengo noticias están de acuerdo en que el cierre final viene como consecuencia de haber conseguido 3 o 4 intentos de cierre, esto es, si se tratara de una persecución entre un cheeta y un impala, seguramente el impala no va a rendirse tan fácilmente, así que no espere que su presa se deje vencer al primer zarpazo, o dicho de otro modo, no espere que su cliente le arrebate el bolígrafo para firmar el formato de compra.

Es especialmente interesante cómo estos 3 o 4 intentos surgen de manera natural después de cada objeción a través del 5SA, precisamente cuando nuestro prospecto espera rendirnos con una distracción, así que independientemente del método de ventas que haya aprendido estará de acuerdo conmigo que lo más difícil de aprender en una negociación es aprender a cerrar, sí, a cerrar la boca y empezar a llenar la documentación, pues bien, el 5SA le brinda la oportunidad perfecta para sistematizar esos espacios de silencio en que debe iniciar a llenar los datos en la solicitud de seguro.

Recientemente una colega me comentó sobre sus experiencias de cierre a través de una sesión de chat por internet y me llamó mucho la atención que su método personal de ventas era de hecho ignorar por completo cualquier objeción, es decir, simplemente pasaba por alto cualquier argumento y seguía adelante con su presentación hasta el final.

Aún no estoy seguro que a mí me funcione ignorar del todo cualquier argumento que me lance mi prospecto, pero quiero rescatar aquí la actitud de cierre, si tiene resultados alentadores hacer oídos sordos a cualquier objeción, estoy casi seguro que tiene mucho más que ver con una excelente actitud que suple en buen grado la falta de un buen proceso de ventas.

Lluvia de Ideas

No hace mucho le comenté a mi agente de la concesionaria automotriz acerca de la creación de un libro enfocado exclusivamente al tema de manejo de objeciones, sabiendo que él ya tiene muchos años en la venta de automóviles, fue fácil coincidir en varios puntos candentes alrededor de las ventas reales.

Y es porque las ventas reales se pueden esfumar en cualquier momento, quiero decir que las ventas se caen en cualquier momento, él mismo me comentó que en esa misma semana que hablamos, se había quedado con un automóvil ya puesto a punto en el patio, porque simplemente el cliente se arrepintió.

Otras tantas veces ya hay cierre firmado con la tarjeta de crédito en la mano y simplemente ese día no pasó el pago, el cliente se enfrió, lo pensó mejor y decidió cancelar la adquisición al día siguiente. A quién no le ha pasado que terminas completo el papeleo y sencillamente su historial crediticio echa por tierra tu cierre de ventas.

Lo anterior explica por qué hay tan poca gente dedicada a las ventas profesionales por vocación, muchos vendedores profesionales se mantienen en las ventas solo como en un paso intermedio para llegar a algún puesto administrativo dentro de las empresas.

El efecto de angustia que produce enfrentarse día con día con la medición objetiva de resultados que se da naturalmente en las áreas de ventas no es fácil de sobrellevar por mucho tiempo, y es que desafortunadamente la mayoría de los profesionistas prefieren recibir ingresos por lo que saben, no necesariamente por lo que hacen, sobre todo algunos pocos quieren que les paguen por aprender, esto último se observa con mayor frecuencia en profesionistas recién egresados.

Por otro lado, los vendedores que son exitosos en su carrera y hacen una buena vida en ventas, saben que cada cien prospectos que consiguen representan solo ocho o diez ventas finales, es decir, durante el proceso de ventas se van a ir perdiendo prospectos por muchas razones, porque el prospecto nunca contestó el teléfono, porque no hubo empatía en la entrevista, porque nos dejaron plantados varias veces, porque nos firmaron el contrato pero el cliente tenía muy mal historial crediticio y nuestra empresa decidió no venderle, porque estando todo listo un imponderable dejó sin dinero a nuestro cliente antes de realizar su pago, etc.

Tantas razones ajenas al vendedor profesional que pueden arruinar las ventas, me hace pensar que es increíble que algunos colegas no se ocupen seriamente por dominar la parte del proceso que realmente les corresponde, la venta persona a persona, ojo a ojo, cuerpo a cuerpo, desde esta óptica es evidente que todos los vendedores profesionales deberían tener bien desarrollado un sistema para manejar las objeciones.

Consideremos que las objeciones de ventas son en realidad la mayor parte -de la pequeña parte- que realmente si depende de los vendedores profesionales, prácticamente nada más está en nuestras manos como la entrevista con nuestros clientes.

Veámoslo a grandes rasgos en una muestra de cien contactos calificados para salir a venderles un producto, si el área de marketing de la empresa se mete en una mala racha creativa y toda la publicidad está desenfocada para nuestro mercado de cien prospectos, tal vez ya perdimos de entrada 30% de nuestra muestra original, eso ya nos deja setenta contactos sin siquiera haber levantado el teléfono para llamarles.

Ya después de arduas sesiones telefónicas es natural que se descarten muchos contactos que por las razones más increíbles no estarán dispuestos a recibirnos, eso significaría descartar al menos otro 70% de contactos, no me refiero al 70% de 100 contactos, me refiero al 70% de los 70 que el marketing y otros factores negativos nos dejaron disponibles, eso significa que podemos contar con 21 contactos calificados en nuestra agenda de citas efectivas realizadas... ¡21 citas de 100 contactos calificados iniciales!

Viendo las cosas en perspectiva, podemos contabilizar que un vendedor ya ha recibido 79 rechazos, 79 veces NO antes de empezar a ver algunos cierres de ventas, y esto es precisamente lo que separa a los vendedores profesionales de los aficionados, es aterrador descartar 79 prospectos con tanta facilidad.

Seguramente usted lo sabe bien porque lo ha sufrido, cuando de pronto una prometedora lista de contactos se le va de las manos con angustiante facilidad, de pronto nos quedan solo 21 contactos por ver, ni siquiera han sido cierres todavía. Los vendedores experimentados aprendemos a golpe de años que las comisiones que cobramos incluyen los rechazos de nuestros clientes, en verdad comprenden el mayor porcentaje de la comisión.

Si el ejemplo anterior representa la normalidad que vivimos en la calle, cualquier vendedor profesional o amateur cuenta con 21 oportunidades por cada 100 prospectos calificados, por eso la efectividad en el manejo de objeciones es tan importante, no podemos darnos el lujo de fallar demasiado.

Hay que tratar de rentabilizar todas y cada una de las citas programadas, porque a esa altura del proceso ya es muy caro no cerrar ventas, si un vendedor solo cierra ventas en el 10% de sus citas programadas significan 2 cierres de 100 prospectos iniciales. Es muy desgastante salir con solamente 2 cierres programados de un listado de casi cien RECHAZOS, por muy resistente y ecuánime que sea el vendedor, es natural que el desgaste termine por quebrarlo moral y económicamente.

El tremendo desgaste producido por la falta de resultados en las entrevistas de ventas debe ser evitado a toda costa, una buena forma de hacerlo es creando o adoptando un buen sistema de manejo de objeciones, considerando que son las objeciones la materia prima de nuestro trabajo.

Futuro de las ventas personalizadas

En el día a día, nacen en el mercado nuevos jugadores, nuevos enfoques de ventas, nuevos productos y servicios que sustituyen y ponen en riesgo de obsolescencia a los productos y servicios que vendemos hoy.

En mi opinión, lejos de ser un problema resulta una gran oportunidad para el futuro de las ventas personalizadas, en ventas nunca se puede uno sentir consolidado, o como decimos en Veracruz "uno no puede tirarse a la hamaca" porque el dinamismo comercial nos puede dejar obsoletos con mucha facilidad, sin embargo, un buen sistema de manejo de objeciones de ventas nos brinda mucha estabilidad y confianza, desarrollarlo ininterrumpidamente, dedicarle tiempo muy productivo a la entrevista personal nos seguirá dando los mejores resultados.

El método 5SA realmente cumple como catalizador para caminar hacia el futuro, sin duda, ampliar el conocimiento en el manejo de objeciones debe ser una tarea colectiva, con el uso de redes sociales, dedicando más tiempo a la profesionalización de las técnicas para manejar efectivamente las objeciones de nuestros clientes.

En el tema de lo que espero del futuro del método 5SA, encuentro una analogía más relacionada con las artes marciales mixtas, y es que en el pasado, muchos leímos revistas o vimos películas sobre los artista marciales que tenían técnicas "secretas" que de un solo movimiento podían poner fuera de combate a oponentes que les doblaran el peso y fuerza, pero a partir de las nuevas transmisiones televisivas de las ligas profesionales de artes marciales mixtas, todos esas técnicas fueron expuestas como inoperantes y en algunos casos como auténticos fraudes.

Como mi instructor de artes marciales mixtas dice siempre: "Los que presumen de ser buenos peleadores callejeros normalmente muerden el polvo en la jaula"

En las ventas profesionales pasará algo similar, mucho del material que hoy se vende como lo último en técnicas de ventas, desafortunadamente se trata de auténticos "refritos" de publicaciones hechas en la década de los 20´s o 30´s del siglo XX.

Considero que retar y contrastar mucha de la información que hoy circula en redes sociales y websites sobre el tema del manejo de objeciones, sea quizás el siguiente paso del método 5SA y otras técnicas que se desarrollen posteriormente basados en procesos de revisión más científicos y menos orientados a reimprimir la información más antigua.

La "masa crítica" en el futuro de un vendedor profesional

Mucho he comentado a mis colegas sobre la necesidad de prever la incapacidad de vender por llegar a la vejez, sin embargo, hay un aspecto que considero vital en esta previsión del futuro de la continuidad de un vendedor profesional, lo llamo "la masa crítica" de ventas.

Este concepto se refiere al "big bang" de un vendedor profesional, claro está, respetando las proporciones analógicas respecto de la excelsa teoría sobre el origen del universo lograda por el sacerdote católico Georges H. J. É. Lemaître, pero me refiero al mismísimo momento en que el vendedor salta realmente a su madurez profesional. Esta madurez profesional se inicia cuando el vendedor deja de mantener a su negocio de ventas y el negocio empieza a mantenerlo a él.

Casi todo el mundo afirma que existe un proceso de crecimiento en cualquier actividad comercial, quizás la explicación más inspiradora que he escuchado sobre el desarrollo empresarial es la que ofrece el empresario mexicano Carlos Kasuga, pero el esquema de crecimiento más concreto sin duda lo explica Robert T. Kiyosaki en su libro "Cuadrante del flujo del dinero".

La idea es que sabemos que tarde o temprano el trabajo rinde frutos, ese trabajo de vender, y desde mi punto de vista, "vender mucho" no es necesariamente madurar, por supuesto, vender mucho es el objetivo de cualquier vendedor porque es algo tangible, es real, sin embargo, el gran trabajo de un vendedor profesional es lograr crecer hasta tener una estructura de ventas que venda con él, sin él o en algunas ocasiones a pesar de él.

Eso significa lograr una "masa crítica", que el vendedor profesional logre crecer hasta que su estructura de ventas le provea cierres de ventas independientes de su acción directa, y además, su misma cartera de clientes le provea de nuevos referidos de ventas.

Estoy convencido que el trabajo de un buen vendedor debe reflejar resultados, pero sobre todo debe crecer saludablemente, todas sus actividades deben estar enfocadas a vender con honestidad y a la primera, para que esto se refleje en llamadas telefónicas por parte de sus clientes para darle nuevos clientes.

Un vendedor que tiene que conseguir por sí mismo todos sus nuevos prospectos, no es un vendedor profesional que tenga carácter empresarial, es de hecho un auto-empleado, puede ser uno con muy buenos ingresos, el problema es que bajo cualquier eventualidad en su salud o en su agenda de trabajo, el flujo de prospectos que se transforman en clientes se interrumpe abruptamente.

Estos vendedores sin una "masa crítica" nunca reciben llamadas de sus clientes para recomendarle nuevos prospectos, sus asociados y asistentes nunca les dan la sorpresa de ventas cerradas sin su participación directa, cuando se enferman suele ser la urgencia de regresar a vender y no la mejora de salud lo que los saca de la cama.

Sé que el futuro es incierto para nosotros los vendedores profesionales, incluso es incierto para todos los canales de distribución novedosos también. Lo único seguro es que habrá muchos rechazos antes de conseguir la próxima venta, pero estoy convencido que en el largo plazo los vendedores que tienen mayores probabilidades de llegar a la vejez arropados en un cálido sustento financiero, sin duda estarán custodiados por dos fuertes brazos: su cartera de clientes comprometidos y su estructura profesional de ventas.

Breve Objecionario de Ventas

Este capítulo final es una breve revisión de ejemplos en el proceso de creación de respuestas a las objeciones más comunes a través del proceso 5SA, además de un comparativo con las versiones más antiguas de respuestas a las objeciones planteadas:

"ESTÁ MUY BIEN SU PROPUESTA, PERO MI ESPOSA NO QUIERE QUE CONTRATE SEGURO DE VIDA"

Primera Versión:

"Es natural que su esposa no entienda la importancia de mi oferta, por la sencilla razón de que estos planes no han sido creados para otorgarles ninguna comodidad o lujo a las esposas, solo las VIUDAS pueden entender y valorar los alcances del error que las esposas cometen al desanimar a sus esposos de protegerles el futuro"(Subirat, 1944)

Notas:

Es una respuesta muy corta, solvente, de hecho es un clásico en las ventas de seguros porque data del año de 1944, el grave problema es que deja a mitad de camino a nuestro cliente, aunque en buena medida expone el problema; sin embargo, no concluye con un cierre de ventas, solamente expone el problema pero no induce a tomar una decisión al respecto.

Una parte importante que se pierde completamente en esta primera versión es precisamente que un agente de ventas no solamente debe dedicarse a abrir conciencias, debe cerrar negocios también.

Dejar al cliente con un conflicto existencial puede parecer una tarea bien hecha. Lo cierto, es que se trata de la mitad de la tarea y en la persecución del objetivo principal de un vendedor profesional resulta inoperante quedarse a medias.

El otro problema es que dejar a mitad de camino a nuestro cliente, solo nos expone a recibir como respuesta otra objeción, sin siquiera haber podido cerrar el ciclo con la primera, es decir, sigues adelante con la entrevista pero el cliente tiene un gran signo de interrogación pendiente y ya le hemos permitido dejarlo así.

Por otro lado, es destacable que la respuesta en esta primera versión se presenta con un cierto aire de sarcasmo. La frase: "Es natural" es una forma de sarcasmo muy bien orientada a exponer con claridad el error en la objeción, el problema es que se queda como un asunto pendiente en ofrecer en forma irónica la solución al problema.

Segunda Versión:

"(i) Es natural que su esposa no entienda la importancia de mi oferta, (ii) por la sencilla razón de que estos planes se crearon para quitarle un poquito a las esposas para reservárselo a las VIUDAS, (iii) claro que las viudas si entienden el error que su esposa comete al rechazar el valioso privilegio que usted quiere darle al protegerle su futuro. (iv) Por la misma razón, le propongo retomar el tema en forma más delicada y esperar a que su póliza nos llegue para volver a tocar el tema con ella…"

Notas:

Además de agregar los marcadores para definir las etapas del método 5SA; el texto permanece prácticamente intacto en las etapas (i) y (ii), sin embargo, en la tercera etapa (iii) variamos ligeramente el texto para dar paso a una cuarta etapa muy importante (iv): LA PROPUESTA.

Nuestra propuesta es que se proteja el futuro de su esposa, aunque se tenga que pasar por encima de su opinión negativa sobre los seguros, ¿no le parece irónico? Proteger a pesar de todo a alguien que rechaza la protección de su esposo.

Versión Final:

"(i) Es natural que su esposa no entienda la importancia de mi oferta, (ii) por la sencilla razón de que estos planes se crearon para quitarle un poquito a las esposas para reservárselo a las VIUDAS, (iii) Claro que las viudas si entienden el error que su esposa comete al rechazar el valioso privilegio que usted quiere darle al protegerle su futuro. (iv) Por eso mismo le propongo retomar el tema en forma más delicada y esperar a que su póliza nos llegue para volver a platicar con ella, (v) con la gran ventaja que la próxima vez usted tendrá no solo la razón de su lado sino el contrato en sus manos para que todas las dudas y miedos de su esposa queden aclarados.

Nota:

La versión final considera en su quinta etapa (v) ampliar los beneficios de cerrar la venta sin esperar a retomarla después de una incómoda plática con la esposa de nuestro cliente, después de todo, lo irónico es que su esposa está cometiendo un error y se le debe proteger a pesar de su error.

"NO QUIERO SEGURO DE VIDA PORQUE MIS HIJOS SE OCUPARÁN DE MI EN LA VEJEZ"

Primera Versión:

"Precisamente ahora ellos dependen de usted, lo necesitan y se apoyan en usted pero, créame, llegará el día en que fundarán su propio familia y eso les traerá problemas a los que usted no podrá acudir y no olvide que las tragedias de la vejez no derivan de la mala voluntad de los hijos sino de que los viejos pretenden intervenir en la vida de sus yernos y nueras aunque solo sea con su presencia. Usted será siempre lo que es hoy para sus hijos, pero los viejos por el mismo respeto que se les debe se convierten en intrusos en el hogar de sus hijos, de allí que depender de un padre es natural y tolerable pero depender de un hijo constituye una tragedia verdadera" (Subirat, 1944)

Segunda Versión:

"(i) Precisamente, por eso estoy frente a usted, (ii) me queda claro que sus hijos son responsables y lo procurarán lo mejor que puedan cuando usted llegue a la vejez, (iii) Aunque es evidente que cada año la vida es más cara, difícil e insegura, y sus hijos podrían verse en problemas para sacar adelante sus propias responsabilidades que de manera natural aumentan conforme crezcan sus nietos.

Versión Final:

"(i) Precisamente, por eso estoy frente a usted, (ii) me queda claro que sus hijos son responsables y por amor y agradecimiento lo procurarán lo mejor que puedan cuando usted llegue a la vejez. (iii) Esa sincera devoción por darle a usted lo más que ellos puedan les puede traer problemas para sacar adelante sus propios gastos que crecen conforme crezcan sus nietos, porque es evidente que cada año la vida es más cara, difícil e insegura. (iv) Lo único que le propongo es que usted mismo genere una buena reserva que sus hijos puedan usar para mantener los gastos del abuelo sin arriesgar los recursos destinados a sus nietos, (v) así usted nunca pondrá a sus hijos en la penosa situación de perjudicar el futuro de sus nietos.

Sarcástico e Irónico

Aquí concluye la breve revisión de ejemplos, sabiendo que sin importar cuántos analice, siempre habrá muchos más que se pueden discutir, ampliar, cambiar y mejorar, en realidad esa tarea es muy personal pero se puede compartir, supongo que para eso inventaron las redes sociales. Sus comentarios que amplíen o corrijan el uso del sarcasmo y la ironía en el manejo de las objeciones realmente serán bienvenidos. Para mí, es un verdadero honor que usted se tomara la molestia de terminar de leer este pequeño compendio de experiencias sobre el manejo de objeciones en ventas. Siga practicando…

¡Ánimo!

Datos de contacto:

Elisur Pérez Sedano

Experto en Seguros Familiares y Pymes

experto.en.seguros@gmail.com

Twitter: @sedepersa

Mis oficinas:

Blvd. Adolfo Ruiz Cortines 1502 altos 2,

Poza Rica, Veracruz, México.

C.P. 93230

Tel: 52 (782) 82 44722, (782)1553029

Bibliografía

García-García, J. M. (2011). *El libro de los sarcasmos: Estudio del humor lúdico en 64 autores mexicanos.* http://web.nmsu.edu/~jmgarcia/ldls.pdf: Proyecto Guardamemorias.

Ongay, D. C. (s.f.). *www.vozme.com* . Recuperado el 28 de abril de 2012, de by David Cano, NIF 38129321J.: www.vozme.com

Subirat, J. S. (1944). *El Seguro de Vida.* Buenos Aires: Anaconda.

www.ingramcontent.com/pod-product-compliance
Lightning Source LLC
Chambersburg PA
CBHW030903180526
45163CB00004B/1682